EVIDENCIA ARQUEOLÓGICA DE LA BIBLIA

CHARLIE H. CAMPBELL

PORTAVOZ

"Una oleada
hallazgos
está cambiando las viejas
del cristianismo y del judaísmo

la Biblia
desde el punto
de lo que pensaban

de
arqueológicos
deas sobre las raíces
y está afirmando que

es más precisa,
de vista histórico,
muchos académicos".

—James Mann,

U. S. News & World Report

La misión de Editorial Portavoz consiste en proporcionar productos de calidad —con integridad y excelencia—, desde una perspectiva bíblica y confiable, que animen a las personas a conocer y servir a Jesucristo.

cS⁊ɔ

Para mis queridos hijos
Selah, Addison, Caden, Emerie y Ryland;
ruego a Dios que sepan con confianza que no
han creído fábulas ingeniosas de
sabiduría humana.

cℛɔ

Título del original: *Archaeological Evidence for the Bible* © 2012 por Charles H. Campbell y publicado por The Always Be Ready Apologetics Ministry, P.O. Box 130342, Carlsbad, CA 92013. Traducido con permiso.

Edición en castellano: *Evidencia arqueológica de la Biblia* © 2013 por Editorial Portavoz, filial de Kregel Publications, Grand Rapids, Michigan 49501. Todos los derechos reservados.

Traducción: Daniel Menezo

Las fotografías son del autor o se han utilizado con el permiso de los propietarios.

Foto de la portada: Ruinas de Corinto por Michael Avory. Foto en la página siguiente: Ruinas de Bet Shean donde los filisteos colgaron el cuerpo de Saúl en la muralla después de su muerte (1 Samuel 31:10) por Loretta Hostettler.

EDITORIAL PORTAVOZ
P.O. Box 2607
Grand Rapids, Michigan 49501 USA
Visítenos en: www.portavoz.com

ISBN 978-0-8254-1943-0 (rústica)

1 2 3 4 5 / 17 16 15 14 13

Impreso en Colombia
Printed in Colombia

Contenido

Bet Shean, Israel.

Las ruinas de Atenas, Grecia, una de las muchas
ciudades que describió Lucas (ver Hechos 17–18).

DEL ESCEPTICISMO A LA FE

¿Es la Biblia un libro de mitología? Las personas, los lugares y los sucesos de la Biblia, ¿son invenciones de hombres mentirosos? Muchos críticos del cristianismo dicen que *sí*. Yo mismo, cuando era adolescente y luego alumno universitario, pasé por una fase en la que creí a esos críticos. *Quería* creerles. Quería creer que la Biblia era un libro de mitología, una recopilación de *folklore* y de leyendas. Creer eso me permitiría dejar a mi espalda al Dios de mi infancia. Quería perseguir la fama y la riqueza sin ser estorbado por un Legislador moral que frunciese el ceño al ver mis decisiones. Y eso fue lo que hice.

Dejé en una estantería la Biblia que mis tíos me habían

regalado en Navidad de 1981, y dediqué todas mis energías y mi tiempo libre a ir de fiesta, a conciertos, a desarrollar mi talento como músico, a asistir a audiciones (para obtener pequeños papeles en anuncios y películas) y a practicar el surf.

A finales de la década de 1980, vivía para mí mismo, y pensaba tener éxito en mi propósito de ser feliz, rico y famoso, costara lo que costase.

Afortunadamente, coseché las consecuencias que encuentran tan a

Charlie haciendo surf en el sur de California, a principios de los años 90.

menudo las personas que deciden vivir alejadas de Dios: vaciedad, soledad, culpa, falta de sentido, esclavitud a conductas que sabía que estaban mal, ira, decepción. ¡Aquello no era en absoluto la felicidad que andaba buscando!

Doy gracias por haber experimentado tales cosas, porque Dios las usó para abrir mi mente a la posibilidad de que mi desgracia estuviera relacionada con el hecho de que vivía "en este mundo sin Dios" (Efesios 2:12).

Aunque en aquella época no conocía esas palabras, experimentaba precisamente lo que Jesús dijo a su discípulo Pedro:

> Si tratas de aferrarte a la vida, la perderás; pero si entregas tu vida por mi causa y por causa de la Buena Noticia, la salvarás. ¿Y qué beneficio obtienes si ganas el mundo entero pero pierdes tu propia alma? (Marcos 8:35-36)

Eso es lo que estaba sucediendo en mi vida. Invertía toda mi energía en una búsqueda egoísta de la felicidad, y en realidad malgastaba mi vida en ese proceso. Afortunadamente, Dios no me dejó sumido en esa situación.

A finales de los años 80, en Carlsbad, California, una docena más o menos de surfistas que solían reunirse en la tienda de surf que yo dirigía consagraron sus vidas a seguir a Jesús. Vi justo delante de mis ojos cómo se producían cambios en sus vidas. Unos surfistas que antes fumaban marihuana, eran vulgares y territoriales, empezaron a asistir a estudios bíblicos, a escuchar la K-WAVE (una emisora local de radio cristiana), a invitar a personas a la iglesia y a compartir las olas con los forasteros.

Estuve un par de años viendo, sin mucho interés, cómo vivían sus vidas cristianas. Me invitaron a algunos de sus conciertos y estudios bíblicos. Rechacé todas las invitaciones. Me interesaba mucho más vivir para mí. Pero, enfrentado cada día a mi propia vacuidad, a la sensación de que mi vida carecía del gozo y de la paz que tenían aquellos jóvenes, decidí visitar la iglesia a la que asistían muchos de ellos, situada en Vista, California, llamada Calvary Chapel.

Algún tiempo después de mi primera o mi segunda visita a la iglesia, entré en su librería y descubrí unas diez estanterías repletas de libros dedicados a las razones y las evidencias de la fe: toda una sección de la tienda dedicada a la apologética.[1] No tenía idea de qué significaba la palabra *apologética*, pero empecé a hojear algunos de los libros.

Me quedé sorprendido al ver que aquellos libros contenían capítulo tras capítulo de evidencias sobre la existencia de Dios, la fiabilidad de la Biblia, la historicidad de Jesús, etc. Uno de los capítulos que me intrigó de verdad tenía que ver

---

[1] La palabra *apologética* procede del término griego *apología*, que aparece en 1 Pedro 3:15 ("Si alguien les pregunta acerca de la esperanza cristiana que tienen, estén siempre preparados para dar una explicación [*apología*]"). "Apología" es un término legal que significa, sencillamente, "defensa". Por tanto, la apologética es una rama de la teología cristiana que se centra en defender la veracidad de lo que afirma la fe cristiana.

con las evidencias arqueológicas de la Biblia. Hacía una lista de decenas de hallazgos arqueológicos que afirmaban la fiabilidad histórica de la Biblia. Eso me llamó la atención. Yo me había convencido de que muy probablemente las personas, los lugares y los acontecimientos que figuraban en la Biblia eran mitológicos, que no existía evidencia tangible de que la Biblia se afirmase en la historia. Y allí, en aquel libro, mirándome a la cara, había docenas de ejemplos de hallazgos arqueológicos que corroboraban detalles de la Biblia.

Compré aquel libro y uno o dos más y empecé a leerlos. A finales de 1991, mi ateísmo se vino abajo debido al peso de unas evidencias que lo contradecían, intelectualmente satisfactorias, que no solo desmantelaron mi ateísmo, sino que me llevaron a creer que Dios existe y que podemos fiarnos de la Biblia. Puse mi fe en Jesucristo y le he estado siguiendo desde entonces.

Dios tomó la vaciedad, la soledad, la culpa, la falta de sentido, la esclavitud al pecado, la ira y la decepción constante que mencioné antes, sustituyéndolas por gozo, paz, plenitud, comunión, propósito, poder para resistir la tentación y confianza de que Dios y yo estamos en paz.

POR QUÉ ESCRIBÍ ESTE LIBRO

En este libro deseo compartir con usted algunos de los fascinantes hallazgos arqueológicos que han afirmado la fiabilidad de la Biblia. Hay muchísimas razones por las que creo que la Biblia es digna de confianza, motivos que expongo en otro lugar,[2] pero el foco de este libro será en la arqueología.

He procurado cuidadosamente soslayar los supuestos descubrimientos que han rechazado los arqueólogos o que las investigaciones más recientes han descalificado (por ejemplo, el supuesto hallazgo de los establos de Salomón, los presuntos avistamientos del arca de Noé, el pretendido hallazgo por parte de Ron Wyatt de Sodoma y Gomorra, la identificación de "Jabal al-Lawz" en Arabia Saudí como el auténtico monte

---

[2] Ver mi DVD, *Evidence for the Bible: Ten Reasons You Can Trust the Scriptures*, disponible en AlwaysBeReady.com [solo en inglés].

Sinaí). También he evitado los descubrimientos que es posible que sean auténticos, pero que aún son objeto de debate (por ejemplo, el osario de "Jacobo, hermano de Jesús").

No hay necesidad de apuntalar la defensa de la fiabilidad bíblica en algunos hallazgos sensacionales que todavía son objeto de debate. Hay innumerables descubrimientos que ya han examinado muchos expertos en arqueología, tanto cristianos como no cristianos, confirmando que son auténticos. Los ejemplos que sustentan mi libro los he tomado de ese grupo de evidencias.

Por supuesto, hay muchos otros libros sobre evidencias arqueológicas de la Biblia, y cito algunos de ellos en las notas a pie de página.[3] Pero, si ya existen muchos libros excelentes sobre la arqueología bíblica, ¿por qué escribir otro sobre el tema? Por tres motivos:

1. Un formato conciso

Creo que es necesario un tratamiento conciso de este tema. Hay muchos estudiosos de la Biblia a quienes les encanta averiguar cosas sobre la arqueología y lo que esta ha hecho para validar las Escrituras, pero que no tienen tiempo para leerse los libros existentes, que tienen entre 200 y 500 páginas. Yo he leído esos libros y me he beneficiado tremendamente de la lectura, pero entiendo que no todo el mundo tiene el mismo grado de interés en el tema, ni tiempo para dedicárselo.

2. Un lenguaje comprensible

Muchas de las obras sobre arqueología bíblica son de naturaleza académica, un poco demasiado técnicas y deta-

---

[3] Esto no significa que respalde todo lo que dicen los libros citados. Le ruego que use el discernimiento y tenga en mente Isaías 8:20 ("¡Busquen las instrucciones y las enseñanzas de Dios! Quienes contradicen su palabra están en completa oscuridad") y 1 Tesalonicenses 5:21 ("pongan a prueba todo lo que se dice. Retengan lo que es bueno").

lladas, desde mi punto de vista, para mantener el interés del lector medio más allá del primer o segundo capítulo. Espero que no le suceda lo mismo con este libro. He intentado ascender a las torres de marfil, bucear en los gruesos libros sobre el tema, recoger datos entre los expertos y regresar para destilar la información en un libro conciso que resulte comprensible e interesante para un público general.

3. El contenido en color

Muchos de los grandes libros sobre arqueología bíblica, especialmente los antiguos, contienen muy pocas fotografías de los descubrimientos de los que hablan. En muchos casos, las fotografías están en blanco y negro. Esto es comprensible, porque sé que con frecuencia los fotógrafos cobran entre 200 y 400 dólares por permitir el uso de una sola fotografía. Incluso cuando el presupuesto del autor alcanza a cubrir esa adquisición, a menudo el costo de impresión evita que los editores publiquen libros a todo color. La llegada del iPad, los lectores de libros electrónicos y la disponibilidad de fotos menos caras han cambiado esta situación. A medida que lea este libro, verá que he podido introducir muchas fotografías a todo color de los hallazgos que describo.

Por lo tanto, añado humildemente este libro a la creciente cantidad de obras sobre arqueología, con la esperanza de que su concisión, su claridad y su contenido en color sean de bendición para usted.

Creo que es conveniente que le diga, ya desde el primer momento, que no soy arqueólogo. Soy estudiante de historia y de la Biblia, maestro, escritor e investigador. He pasado tiempo en museos y en numerosos yacimientos arqueológicos en Israel, pero lo más importante es que he dedicado cientos de horas a consultar los libros de numerosos arqueólogos, muchos de los cuales enseñan o han enseñado en instituciones prestigiosas como las universidades de Oxford, Yale, Johns Hopkins, Liverpool, Toronto, etc. Verá que los menciono con frecuencia.

Es posible que la cantidad de notas a pie de página parezca excesiva para un libro tan conciso como este, pero quiero asegurarle que mis conclusiones están respaldadas por expertos. En este libro no encontrará teorías ni conclusiones que no se encuentren en las obras de arqueólogos respetados que creen en la Biblia. Si cree que ha descubierto en esta obra algo incorrecto, un error tipográfico o del tipo que sea, le ruego que me lo haga saber enviándome un correo electrónico a info@alwaysbeready.com. Agradeceré sus pensamientos y sugerencias sobre cómo mejorar las ediciones posteriores de este libro.

Ruego a Dios que este libro le lleve, a usted y a muchos otros, a comprender con mayor confianza que la Biblia es históricamente fiable y, lo que es más importante, que el Dios tan mencionado en la Biblia es más que digno de nuestro amor y nuestra confianza.

Ojalá Dios use este breve libro con ese propósito.

Capistrano Beach, California
Enero de 2012

INTRODUCCIÓN A LA ARQUEOLOGÍA

Una de mis películas favoritas cuando era niño era *En busca del arca perdida*, donde Harrison Ford hacía el papel de Indiana Jones, un profesor de arqueología que viajaba por todo el mundo látigo en mano. Era difícil no encantarse con una película donde salía Han Solo, el querido compañero de Luke Skywalker en las películas de *La guerra de las galaxias*. Me encantaba el suspense, los paisajes exóticos, la aventura, la búsqueda de un tesoro o de artefactos perdidos, los pozos llenos de serpientes y las persecuciones en coche.

Aunque las vidas de los arqueólogos modernos no están tan repletas de acción o de peligros como la de Indiana,

Coliseo de Roma.
Recuadro: Pirámide en Egipto.

muchos de sus descubrimientos son emocionantes, sobre todo
en lo tocante a la Biblia.

Por supuesto, la arqueología es el estudio de los restos
materiales de civilizaciones anteriores. En algunos casos,
esos restos han estado siempre visibles: el **Coliseo de Roma**,
el Partenón de Atenas, las **pirámides de Giza**. Pero la gran
mayoría de restos ha quedado sepultada por los escombros de
generaciones sucesivas.[4] El objetivo del arqueólogo es descubrir, registrar, observar y conservar los restos enterrados de la
antigüedad, de modo que podamos entender mejor cómo era
la vida en el pasado.

Podríamos decir que la arqueología moderna tuvo su inicio
en 1798, cuando el francés Napoleón condujo a un grupo de
científicos, eruditos y artistas al valle del Nilo, en Egipto, con

---

[4] Edwin Yamauchi, *The Stones and the Scriptures* (Grand Rapids, MI:
Baker, 1981), 17.

La Piedra de Rosetta es una losa grabada que se encontró cerca de Rosetta, en la desembocadura occidental del Nilo, en 1799. Su texto está escrito en tres lenguas: jeroglífica, demótica y griega. El descifrado de los jeroglíficos, que realizó Jean-François Champollion en 1822, condujo a la interpretación de muchos otros registros tempranos de la civilización egipcia.

la intención de explorar sus impresionantes antigüedades.[5] El equipo de Napoleón regresó con unos informes cuidadosamente redactados, múltiples dibujos, retratos en acuarela de lo que habían encontrado, y la famosa **Piedra de Rosetta**, con unas inscripciones que abrieron la puerta a un conocimiento del lenguaje y la literatura del antiguo Egipto.[6] John Elder escribe: "La publicación de sus hallazgos, realizada por el gobierno francés, causó sensación en los círculos cultivados, y despertó un interés por el Oriente que nunca se ha desvanecido".[7]

---

[5] Merrill F. Unger, *Archaeology and the Old Testament* (Grand Rapids, MI: Zondervan, 1954), 10.

[6] Merrill F. Unger, *Famous Archaeological Discoveries* (Grand Rapids, MI: Zondervan, 1960), 6.

[7] John Elder, *Prophets, Idols and Diggers* (Nueva York, NY: Bobbs-Merrill, 1960), 19.

A mediados del siglo XIX, aventureros y buscadores de tesoros viajaron por toda Israel a lomos de caballos, llevando Biblias y brújulas, intentando identificar lugares antiguos y buscando piezas de museo impresionantes e inusuales. Sus métodos fueron a menudo bastos y destructivos según los estándares modernos.[8] Con frecuencia, el objetivo era recuperar el máximo número de reliquias valiosas en el menor tiempo posible. Los primeros arqueólogos no dudaban en usar pólvora para abrirse camino al interior de una pirámide o una cámara funeraria.[9]

La arqueología ha recorrido mucho camino desde entonces. El arqueólogo Eric Cline señala que:

> Hoy día existen unos estándares estrictos para realizar excavaciones en todos los países de Oriente Medio. Hay que obtener permiso para excavar de las autoridades competentes, exponiéndoles un plan de investigación detallado, buenas razones para las cuestiones sometidas a examen, evidencias de que se cuenta con los fondos necesarios, y a menudo una estrategia de conservación del yacimiento una vez concluida la excavación. Es obligatorio contar con el análisis de otros colegas sobre las propuestas que conllevan un presupuesto elevado. En resumen, se trata de un campo serio y muy competitivo.[10]

En la actualidad, los arqueólogos trabajan de una manera muy disciplinada, sistemática y científica. Su obra conlleva la

---

[8] Ibíd., 20.

[9] "Archaeology and the Reliability of the Old Testament", *The ESV Study Bible* (Wheaton, IL: Crossway, 2008), extraído de la aplicación para iPhone *ESV Study Bible*, de Olive Tree. No se da número de página.

[10] Eric H. Cline, "Raiders of the Faux Ark", 10 de octubre de 2007, http://www.archaeology.org/online/features/fauxark/index.html., consultada el 24 de enero de 2011.

Unos arqueólogos excavan en Nínive, la antigua capital del imperio asirio, mencionada en el libro de Jonás y en otros pasajes de la Biblia.

elaboración de mapas y dibujos detallados de todos los niveles de la excavación, tomando fotografías y registrando los objetos, anotando exhaustivamente los niveles y puntos en los que fueron hallados. Nada de lo que se ha desenterrado se considera carente de importancia.

Los arqueólogos pueden ahora recorrer los yacimientos con un equipo de análisis por láser, que transmite datos a las computadoras. Los magnetómetros, el georradar y los satélites de infrarrojos permiten a los arqueólogos ver lo que hay debajo de la superficie.[11] Los programas informáticos ayudan a los arqueólogos con imágenes y mapas por satélite. Las bases

---

[11] Frances Cronin, "Egyptian Pyramids Found by Infra-red Satellite Images", 24 de mayo de 2011, http://www.bbc.co.uk/news/world-13522957, consultada el 3 de junio de 2011.

de datos se usan para registrar y organizar las piezas y otros descubrimientos.

Además de estos instrumentos de alta tecnología, a menudo la arqueología conlleva la participación de científicos procedentes de diversos campos. Se contrata a paleógrafos y a epigrafistas para que estudien e interpreten antiguos manuscritos e inscripciones. Los zoólogos participan nombrando los animales cuyos huesos se encuentran. Los antropólogos físicos determinan la edad y el sexo de las personas cuyos restos óseos se desentierran. A menudo colaboran también expertos en numismática (el estudio de las monedas), historia, lingüística (idiomas), geología y mineralogía.

El objetivo de usar a expertos de estas disciplinas científicas tan diferentes es conseguir que la evidencia cuente su historia tan plena y fidedignamente como sea posible. Y los relatos que cuentan los hallazgos de Oriente Medio ofrecen una confirmación sorprendente de la Biblia.

Por supuesto, la evidencia arqueológica nunca podría demostrar que la Biblia está inspirada por Dios o que los milagros que recoge sucedieron de verdad, pero sí puede contribuir a defender la fiabilidad histórica de la Biblia.

Niels Peter Lemche, profesor en la universidad de Copenhague, dice que el Antiguo Testamento "no es más que una historia inventada con solo unos cuantos referentes [sic = referencias] a cosas que sucedieron o existieron de verdad".[12] Lemche es solo uno del coro de críticos modernos y académicos que "adoptan la postura de que, a menos que algo registrado en las Escrituras pueda verificarse completamente por medio de fuentes no bíblicas, debe rechazarse como mítico".[13] Y, por supuesto, numerosas personas no académicas, muchas

---

[12] Niels Peter Lemche, citado en K. A. Kitchen, *On the Reliability of the Old Testament* (Grand Rapids, MI: Eerdmans, 2006), 458.

[13] Rodney Stark, *Discovering God: The Origins of the Great Religions and the Evolution of Belief* (Nueva York, NY: HarperOne, 2008), 295.

de las cuales nunca han estudiado seriamente la Biblia ni han analizado las evidencias a su favor, se han unido a este coro, diciendo que la Biblia es un libro compuesto de fábulas y un mosaico de leyendas.

A estos críticos de la Biblia les vendría bien hablar con los arqueólogos en el territorio de Israel. Durante los últimos 150 años, los arqueólogos han desenterrado cientos de piezas, documentos e inscripciones que demuestran la veracidad y la exactitud de los registros bíblicos sobre diversos sucesos, costumbres, personas, ciudades, naciones y lugares geográficos.

LOS ARQUEÓLOGOS DEFIENDEN LA BIBLIA

Los arqueólogos han descubierto que la Biblia es tan precisa que a menudo la consideran una guía fiable cuando van a excavar a zonas nuevas. La famosa arqueóloga Dra. Eilat Mazar, de la Universidad Hebrea de Jerusalén, confía tanto en la historicidad de la Biblia que dice: "Trabajo con la Biblia en una mano y mis instrumentos de excavar en la otra".[14]

El arqueólogo Yigael Yadin, que se basó en gran medida en la guía de la Biblia para descubrir la gran puerta de Salomón en el famoso yacimiento al norte de Galilea, dijo: "Nos pusimos a buscar [la puerta] con la Biblia en una mano y una pala en la otra".[15]

Trude Dothan, la distinguida arqueóloga que lleva más de cuarenta años excavando en Israel, afirma que: "Sin la Biblia, ni siquiera habríamos sabido que *existieron* los filisteos".[16]

El Dr. Aren Maier, de la universidad Bar Ilan, admite la

---

[14] Etgar Lefkovits, "Archeology: Dr. Eilat Mazar: The Bible as Blueprint", *Jerusalem Post*, 25 de septiembre de 2008, http://www.jpost.com/Home/Article.aspx?id=115615, consultada el 18 de noviembre de 2010.
[15] Sheler, "Is the Bible True?", *U. S. News & World Report*, 25 de octubre de 1999, 59.
[16] Ibíd., cursivas en el original.

Arriba y recuadro: Grandes piedras cerca del muro occidental de Jerusalén, que fueron empujadas desde el monte del templo a una calle del siglo I, cuando los romanos destruyeron Jerusalén en el año 70 d. C. (Mateo 24:2).

creencia popular de que "en la tierra de Israel no es posible dedicarse a la arqueología si no se consulta la Biblia".[17]

El motivo por el que los arqueólogos usan la Biblia es porque ha demostrado ser fiable. El Dr. Nelson Glueck, que apareció en la portada de la revista *Time* y que es considerado uno de los mayores arqueólogos de la historia, escribió:

> Podemos afirmar categóricamente que no se ha producido un solo descubrimiento arqueológico que haya contradicho una referencia bíblica. Se han realizado

---

[17] De una entrevista en el vídeo *The Archaeologists I* (SourceFlix, 2007), http://sourceflix.com/vid_arch_1.htm, consultada el 19 de noviembre de 2010.

decenas de hallazgos arqueológicos que confirman, claramente o con un grado exacto de detalle, las afirmaciones históricas de la Biblia. Del mismo modo, la evaluación correcta de las descripciones bíblicas ha conducido a menudo a unos descubrimientos asombrosos.[18]

Estas son palabras de un hombre a quien se ha atribuido el descubrimiento de más de 1500 yacimientos antiguos en Oriente Medio.[19]

En su libro, *What Mean These Stones?*, el profesor Millar Burrows, de la universidad de Yale, escribió:

> No cabe duda de que el campo de la arqueología ha fortalecido la confianza en la fiabilidad del registro de las Escrituras. Más de un arqueólogo ha visto cómo aumentaba su respeto por la Biblia como consecuencia de su experiencia de la excavación en Palestina.[20]

John Elder, autor de *Prophets, Idols and Diggers*, dijo:

> No es una exageración sostener que fue el auge de la ciencia de la arqueología lo que resolvió el punto muerto al que habían llegado los historiadores y los cristianos ortodoxos. Poco a poco, ciudad tras ciudad, una civilización tras otra, una cultura tras otra, cuyos recuerdos solo figuraban en la Biblia, fueron recuperando el lugar que les correspondía en la historia

---

[18] Nelson Glueck, *Rivers in the Desert* (Philadelphia, PA: Jewish Publications Society of America, 1969), 31.

[19] "Archaeology: The Shards of History", *Time*, 13 de diciembre de 1963, http://www.time.com/time/magazine/article/0,9171,875453,00.html, consultada el 18 de noviembre de 2010.

[20] Millar Burrows, *What Mean These Stones?* (New Haven, CT: American Schools of Oriental Research, 1941), 1.

antigua gracias a los estudios de los arqueólogos… La arqueología no ha refutado en ningún momento la veracidad histórica de la Biblia.[21]

William F. Albright, renombrado arqueólogo de la universidad Johns Hopkins, que publicó más de 800 libros y artículos, y famoso por confirmar la autenticidad de los manuscritos del mar Muerto,[22] dijo: "La sucesión de hallazgos ha confirmado la precisión de innumerables detalles, y ha aumentado el reconocimiento del valor que tiene la Biblia como fuente histórica".[23]

Estos hombres no están hablando de un mero puñado de descubrimientos, sino de miles de hallazgos.

MÁS DE 25.000 HALLAZGOS

En 1958, Donald J. Wiseman, arqueólogo y profesor de asiriología en la universidad de Londres, calculó que había más de 25.000 hallazgos arqueológicos que confirmaban la veracidad de la Biblia.[24] Lo que resulta más impresionante de esta elevadísima cantidad de descubrimientos, ¡es que fue un cálculo que se hizo en 1958! Desde entonces se ha producido un número considerable de descubrimientos más. En el *U. S. News & World Report* leemos: "Durante los últimos cuarenta años [desde el tiempo del cálculo que hizo Wiseman], los hallazgos espectaculares han arrojado toda una riqueza de

---

[21] John Elder, *Prophets, Idols and Diggers*, 18.
[22] Dale Keiger, "The Great Authenticator", *Johns Hopkins Magazine*, abril de 2000, http://www.jhu.edu/jhumag/0400web/32.html, consultada el 21 de octubre de 2010.
[23] Citado en Norman Geisler y Peter Bocchino, *Unshakable Foundations* (Minneapolis, MN: Bethany House, 2001), 271.
[24] D. J. Wiseman, "Archaeological Confirmations of the Old Testament", en Carl F. Henry (editor), *Revelation and the Bible* (Grand Rapids, MI: Baker, 1958), 301-302.

información que ilumina la historia de Jesús y el nacimiento del cristianismo"[25]

Charles Colson escribe:

> El gran número de hallazgos de los últimos años ha añadido tanta credibilidad al texto bíblico que los críticos sospechan ya de los motivos que tienen los arqueólogos. Según el *Biblical Archaeology Review*: "Los arqueólogos han sido... muy criticados por ser tendenciosos, por intentar demostrar la Biblia". Pero, tal y como señala también esta revista, no es eso lo que está pasando. Sencillamente, los arqueólogos siguen las evidencias hacia donde apuntan, y eso es lo que cualquiera puede pedir de una empresa científica.[26]

He tenido el privilegio de ir a Israel para ver algunos de esos hallazgos con mis propios ojos. En el resto de este libro le ofreceré una visión concisa de esos descubrimientos. Empezaremos con los hallazgos que tienen incidencia sobre la fiabilidad del Antiguo Testamento, para luego abordar aquellos otros que hablan del Nuevo Testamento. A medida que vaya leyendo, se dará cuenta de que muchos de los descubrimientos han tirado por tierra, directamente, las teorías de los críticos sobre la Biblia. Espero que no se canse de leer afirmaciones como las siguientes:

- En cierto momento los críticos cuestionaban la historicidad de este suceso
- Los escépticos dudaban de la Biblia cuando hablaba de este asunto

---

[25] Sheler, "Is the Bible True?", 58.
[26] "Philistines and Archeology: Digging Out the Truth", 22 de marzo de 2002, http://www.breakpoint.org/commentaries/4186-philistines-and -archeology, consultada el 20 de noviembre de 2010.

- Los críticos afirmaban que era un personaje mitológico

Hay tantísimos casos en los que los ataques de los críticos contra la Biblia se han disuelto como el humo debido al progreso de la arqueología, que es casi imposible dejar a los críticos al margen de este asunto. Si empiezo a parecerle redundante, le pido perdón de antemano.

Para obtener más información sobre los hallazgos arqueológicos que no menciono, le invito a consultar los libros y las páginas web mencionados en las notas a pie de página.

Arriba: Ladrillos excavados en Babilonia.
Derecha: La Crónica de Babilonia 7.

LOS HALLAZGOS DEL ANTIGUO TESTAMENTO

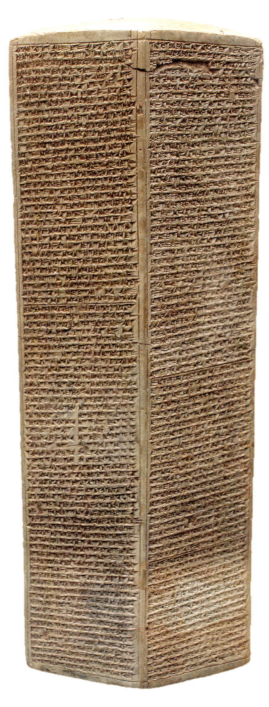

Este prisma de arcilla de seis caras, conocido como el prisma de Senaquerib, fue hallado en Ninive y habla de la invasión de Judá por parte de ese rey asirio durante el reinado de Ezequías. Corrobora muchos detalles de 2 Reyes 18–19 y de Isaías 36–37. Está expuesto en el Oriental Institute de la universidad de Chicago.

Los estratos sedimentarios que dejó atrás el Diluvio
son especialmente claros en el Gran Cañón.

EL DILUVIO DEL GÉNESIS

La Biblia nos dice que Dios
juzgó a la humanidad pecadora
2500 años antes de Cristo, desa-
tando un diluvio cataclísmico que
devastó el planeta.[27] Si este acontecimiento tuvo lugar, tal como
dijo Moisés y como afirmaron
Jesús y Pedro (Mateo 24:39; 2 Pedro 3:6), sin duda deberían haber
evidencias al respecto. ¿Las hay? Sí.

Ahora bien, la arqueología, hablando en términos estrictos,
se interesa por los restos que han dejado los *humanos*, no por
los actos de Dios. Por lo tanto, la evidencia que dejó el Diluvio
tiene más interés para los geólogos que para los arqueólogos.
Pero a menudo los arqueólogos encuentran en sus excavaciones
las mismas evidencias que los geólogos, de modo que hablaré
brevemente de ellas aquí, empezando por el registro fósil.

En cualquier punto de los siete continentes en que excaven

---

[27] Ver Génesis 6-8. Creo que hay buenas razones para concluir que el
Diluvio tuvo una escala mundial, no local. Estas razones las expongo en
AlwaysBeReady.com, "Dos evidencias para el diluvio de Noé". Ver "Flood,
Evidence for" y haga clic en "Spanish".

geólogos y arqueólogos encuentran miles de millones de **animales muertos** y de plantas enterrados y fosilizados en las **rocas sedimentarias**, compuestas de arena, barro y limo que fueron depositados rápidamente por el agua. ¿Restos de miles de millones de animales *dentro* de las piedras? Resulta extraño. Los animales que mueren de muerte natural se descomponen y desaparecen rápidamente. Pensemos, por ejemplo, en el bisonte americano. Un paleontólogo especialista en invertebrados, Carl Dunbar, señala:

> Los incontables millones de cadáveres de bisonte repartidos por las llanuras hace dos generaciones apenas han dejado rastros visibles. La carne se la comieron los lobos y los buitres al cabo de horas o días después de su muerte, e incluso los esqueletos han desaparecido casi del todo, porque los huesos se han disuelto y desmenuzado, reducidos a polvo debido a las inclemencias del tiempo.[28]

Hoy día, cuando los animales mueren sus cadáveres quedan en tierra y, en cuestión de meses, los carroñeros esparcen sus huesos o, si no los toca nadie, empiezan a corromperse debido al efecto de los elementos.

Pero a los miles de millones de criaturas que encontramos en el registro fósil les pasó algo distinto. Sus huesos están conservados, muchos de ellos intactos, con muy pocas evidencias de descomposición. Esto ha inducido a muchos paleontólogos, geólogos y arqueólogos a llegar a la conclusión de que tales animales murieron durante un diluvio. Sus cuerpos fueron atrapados en el aluvión de fango, enterrados rápidamente en

---

[28] Carl Dunbar, *Historical Geology*, 39. Citado en "Questions About Genesis 1–11", número 37, *Willmington's Guide to the Bible* (Wheaton, IL: Tyndale, 1981), recuperado en software QuickVerse (versión 2.0.2).

los sedimentos mientras estos seguían húmedos y blandos, y luego conservados en ellos.

Los fósiles de miles de millones de criaturas muertas recubiertas de rocas sedimentarias por todo el mundo son un recordatorio poderoso del Diluvio descrito en el libro de Génesis.[29]

Además de la extensa evidencia fósil, los arqueólogos han desenterrado muchos escritos antiguos

"La tablilla del Diluvio", expuesta en el Museo Británico (Londres), relata parte de la épica de Gilgamesh. La inscripción, descubierta en Nínive, al norte de Irak, se remonta al siglo VII a. C.

extrabíblicos que describen una inundación catastrófica. Los griegos, hindúes, chinos, mejicanos, algonquinos y hawaianos tienen relatos sobre el diluvio.[30] Aunque existen diferencias entre los relatos, los paralelos entre ellos son impresionantes. Pensemos en la lista de similitudes entre el diluvio de Noé y el relato del diluvio conocido como la "**épica de Gilgamesh**", que se descubrió hace 150 años en las ruinas antiguas de una biblioteca de Nínive. En ambos relatos:

---

[29] Imagino que algunos pueden tener preguntas sobre este tema: si durante el Diluvio también murieron personas, ¿por qué no encontramos fósiles humanos? ¿No es posible que todos los animales que encontramos en el registro fósil murieran a consecuencia de inundaciones locales en vez de durante un diluvio universal? ¿Cómo es posible que una lluvia incesante durante cuarenta días supere la cima de las altas montañas? ¿Cómo cupieron todos los animales en el arca de Noé? Puede encontrar respuestas a este tipo de preguntas en AlwaysBeReady.com. Ver "Flood, Evidence for" y haga clic en "Spanish".

[30] Norman Geisler y Ron Brooks, *When Sceptics Ask: A Handbook on Christian Evidences* (Grand Rapids, MI: Baker, 1996), 182.

- el diluvio fue ordenado por un dios
- el diluvio estuvo relacionado con el hecho de que la raza humana se apartó de Dios/los dioses
- se dio la noticia anticipada del diluvio a un individuo
- se le ordenó que construyera un barco
- el barco estaba calafateado por dentro y por fuera
- una tormenta provocó el diluvio
- la familia del protagonista y los animales a bordo del barco se salvaron
- todos los que no estuvieron en el barco murieron
- el barco encalló en la cumbre de una montaña
- tras el diluvio se enviaron aves para determinar si el mundo era habitable
- tras el diluvio se ofrecieron sacrificios[31]

Dado que existen tantos puntos en común entre la épica de Gilgamesh y el relato bíblico, no es difícil llegar a la conclusión de que ambos relatos hablan de un mismo acontecimiento. Pero algunos críticos de la Biblia observan estas similitudes entre los relatos, y sostienen que Moisés debió robar la idea de un diluvio de una fuente anterior a su época. Aparte de las similitudes existentes entre los relatos, no tienen evidencias de que haya sucedido esto. Pero el parecido existente en los diversos informes sobre los sucesos históricos no demuestra que exista un plagio. Es muy posible que los testigos que incluyeron en sus relatos unos detalles parecidos describieran un suceso real; en este caso, el Diluvio.

Cuantos más testigos hay que cuentan una historia parecida, más probable es que la esencia del relato sea cierta.

---

[31] Clyde E. Fant y Mitchell G. Reddish, *Lost Treasures of the Bible: Understanding the Bible Through Archaeological Artifacts in World Museums* (Grand Rapids, MI: Eerdmans, 2008), 21. Ver también Alfred J. Hoerth, *Archaeology and the Old Testament* (Grand Rapids, MI: Baker Academic, 1998), 195-196.

Vamos a reflexionar sobre esto. Supongamos que usted tiene en una mesita de salón dos libros escritos por dos autores diferentes. Ambos pretenden ser relatos de primera mano de personas que sobrevivieron a Auschwitz, el nefasto campo de exterminio de Hitler. Uno de los dos libros se publicó diez años después de la derrota de Alemania; el otro, cuarenta años más tarde. A medida que los va leyendo, detecta bastantes similitudes en los relatos de cómo era la vida en aquel lugar tan espantoso. Encajan las descripciones de los guardias, las normas, la crueldad, la falta de alimentos, el trabajo, las ropas. ¿Rompe usted el libro más reciente y concluye que el escritor plagió al otro autor porque existen similitudes entre las dos obras? Yo no lo haría. Creo que sería más prudente pensar que algunos de los detalles son idénticos porque ambos relatos hablan de un mismo suceso, sobre el que informan (la vida en Auschwitz).

Creo que debemos tratar de igual manera los relatos sobre el Diluvio. Las similitudes no están ahí debido a un plagio, sino porque los relatos hablan del mismo suceso, el Diluvio catastrófico.

Pero otros críticos de la Biblia no se interesan por las *similitudes* de estos relatos, sino por las *diferencias* entre ellos. Y es cierto que existen diferencias:

- la versión de Génesis es monoteísta
- la épica dc Gilgamesh es politeísta
- el Dios de Génesis es santo
- los dioses de Gilgamesh actúan de formas impías
- las arcas tienen formas diferentes
- los nombres de los constructores del barco son distintos[32]

---

[32] Los sumerios llamaban Ziusudra a Noé, y los babilonios, Utnapishtim. Creo que diferencias como éstas respaldan la afirmación de que Moisés no plagió a nadie.

Una representación del arca de Noé tras el Diluvio, de Gustave Doré (1832-1883).

Estas diferencias no son sorprendentes. A medida que los descendientes de Noé se extendieron desde los montes de Ararat (c. 2400-2300 a. C.), llegando hasta los cuatro extremos del mundo,[33] y la historia se fue transmitiendo con el paso de los siglos, se fueron infiltrando detalles contradictorios en las diversas versiones del relato. Algunos críticos señalan estas diferencias y concluyen: "Todas las historias sobre el diluvio son mitos, ¡incluyendo el relato bíblico!".

Pero, ¿acaso las diferencias en los relatos significan que *todos* ellos son mitos y que no podemos confiar en ninguno? En absoluto. Imagine por un instante que está sentado en una sala de tribunal asistiendo a un juicio. A medida que avanza el día, se da cuenta de que los testigos que prestan declaración ofrecen detalles contradictorios de un mismo hecho. ¿Qué pensaría si el juez alzara las manos y dijera "¡Todo el mundo miente!", dejase el mazo, declarase que el juicio es nulo y se fuera de la sala? ¿Qué pensaría de su afirmación de que todo el mundo miente? Es *posible* que todos mintieran; es posible que se diera

---

[33] Espero que nadie me acuse de pensar que la Tierra es plana por haber empleado esta expresión. El apóstol Juan la usó en Apocalipsis 7:1, y los críticos han acusado a la Biblia de impartir la enseñanza de que la Tierra es plana. ¡Ridículo! Juan usaba esta figura del lenguaje para describir los extremos del mundo en los cuatro puntos cardinales: Norte, Sur, Este y Oeste.

el caso. Pero creo que sería más prudente asumir que, aunque existen algunos detalles contradictorios, es probable que uno o dos de los testigos que declaran ofrezca un relato más preciso que los otros. El objetivo del jurado consiste en averiguar cuál de los relatos es más digno de confianza.

Los críticos que detectan las diferencias en los relatos del Diluvio y luego dejan caer el mazo y declaran que todos son mitos, cometen el mismo error del juez en la situación que hemos imaginado. No consideran seriamente la posibilidad de que una de las versiones sea un relato más preciso de lo que realmente sucedió.

Los cristianos y los judíos creen que el relato que hace Génesis del Diluvio es un retrato preciso de lo que sucedió. ¿Por qué? Norman Geisler y Ron Brooks ofrecen una descripción general y sucinta de los motivos:

> Las otras versiones [del Diluvio] contienen añadidos que manifiestan corrupción. Solo en Génesis se nos da el año del Diluvio, además de las fechas de toda la cronología relativa a la vida de Noé. De hecho, Génesis se lee casi como un diario o cuaderno de bitácora de los acontecimientos. El barco cúbico babilónico no podría haber salvado a nadie del Diluvio. Las aguas turbulentas lo habrían volcado sin cesar de un lado a otro. Sin embargo, el arca bíblica es rectangular (larga, ancha y baja), de modo que pudiera navegar bien por los mares agitados. La duración de la lluvia en los relatos paganos (siete días) no basta para explicar la devastación que describen… La idea de que las aguas del Diluvio bajasen en un solo día es igual de absurda… en los otros relatos, al héroe se le concede la inmortalidad y es exaltado, mientras que en la Biblia vemos que Noé

pecó. Solo una versión que pretenda decir la verdad incluiría este dato.[34]

El *Holman Bible Handbook* añade lo siguiente a estas diferencias:

En la Biblia, Dios siente una ira moral frente a la perversidad humana. Los dioses de la épica de Gilgamesh son inmaduros, alocados, y el ruido que hacen los humanos les impide dormir. En Génesis, la voluntad de Dios, en su gracia, es salvar a los que están en el arca. El héroe [una figura semejante a Noé] de la épica de Gilgamesh descubrió el diluvio venidero a pesar de que la mayoría de los dioses se oponía a que se enterase.[35]

Las explicaciones anteriores, unidas al registro fósil, son algunas de las razones por las que creo que el relato del Génesis es una narración superior, más precisa, del suceso real. Además, para un Dios soberano y omnipotente no debería ser en absoluto difícil demostrar que el relato de Moisés sobre el Diluvio es perfectamente preciso. Dios puede haber hecho, mediante su providencia, que una versión de la historia, la que se transmitió por medio del pueblo judío y, en última instancia, llegó a Moisés para que la compilase, editara y pusiera por escrito como Escritura, se viera libre de toda contaminación. Otra posibilidad es que, aunque en todos los relatos se pueden haber incrustado elementos legendarios antes de la época de Moisés (c. 1446 a. C.), Dios enderezara la verdad de este asunto mediante una revelación directa y especial a Moisés en el monte Sinaí. Para mí, es válida la vía que Dios utilizara para la

---

[34] Geisler y Brooks, *When Skeptics Ask*, 183.
[35] David S. Dockery, editor general, "Creation and Flood Stories", *Holman Bible Handbook* (1992), recuperado en software QuickVerse (versión 2.0.2).

conservación exacta de los detalles relativos al Diluvio, sea cual fuere.

Aquellos de nosotros que…

- creemos que Dios es soberano y puede cuidar de su Palabra para preservarla (Jeremías 1:12; Isaías 40:8)
- confiamos en que Jesús conocía la verdad sobre el Diluvio (Mateo 24:37-39)
- creemos que "fue el Espíritu Santo quien impulsó a los profetas y ellos hablaron de parte de Dios" (2 Pedro 1:21; 2 Timoteo 3:16)

. . . afirmamos confiadamente con Pedro que "el mundo de aquel entonces pereció inundado" (2 Pedro 3:6 NVI), aunque el resto opte por "olvidar intencionalmente" (2 Pedro 3:5 NVI).[36]

CAMELLOS EN EGIPTO EN TIEMPOS DE ABRAHAM

En determinado momento, los críticos de la Biblia alegaron que esta se equivocaba al afirmar que hubo camellos en Egipto en tiempos de Abraham (Génesis 12:16). Los críticos sostenían que los camellos no fueron conocidos en Egipto hasta mucho después de la época de Abraham,[37] quizá no hasta un momento tan tardío como el siglo III a. C.[38] Uno de los motivos por los

---

[36] Para más información, ver: "The Flood of Noah and the Flood of Gilgamesh", de Frank Lorey, en http://www.icr.org/article/noah-flood-gilgamesh; "A Comparative Study of the Flood Accounts in the Gilgamesh Epic and Genesis", de Nozomi Osanai, en http://www.answeringenesis.org/home/area/flood/introduction.asp (solo en inglés).
[37] Joseph P. Free, *Archaeology and Bible History* (Grand Rapids, MI: Zondervan, 1992), edición revisada y ampliada por Howard F. Vos, 51.
[38] Fred H. Wight, *Highlights of Archaeology in Bible Lands* (Chicago, IL: Moody, 1955), 75.

que sacaron esta conclusión fue porque en las pinturas y relieves de las tumbas egipcias no aparecían camellos.[39]

Desde entonces, una miríada de evidencias arqueológicas ha demostrado que hubo camellos en Egipto incluso antes de la época de Abraham. Algunos de los hallazgos (que se remontan al periodo entre el siglo VII a. C. y el periodo anterior al año 2000 a. C.) incluyen "estatuillas y figuritas de camellos, placas donde se representan camellos, grabados en roca y dibujos, huesos de camello, un cráneo de camello y una cuerda hecha de pelo de camello".[40]

---

[39] Ibíd.
[40] Free, *Archaeology and Bible History*, 51.

Pintura funeraria del noble egipcio Rekhmire, visir de Tutmosis III, que representa unos esclavos (c. 1450 a. C.) obligados a trabajar en una fábrica egipcia de ladrillos.

LOS ISRAELITAS EN EGIPTO

El Antiguo Testamento nos dice que una hambruna en tierra de Canaán obligó a Jacob y a su familia a asentarse en la tierra de Egipto (c. 1876 a. C., Génesis 42–47), donde fueron creciendo a lo largo de cuatro siglos y se convirtieron en una nación de personas obligadas a elaborar ladrillos destinados a los proyectos arquitectónicos egipcios (Éxodo 1). Los críticos de la Biblia se quejan de que no se menciona a los "israelitas" en Egipto ni en los muros de las tumbas ni de los templos. Para responder a esta objeción, Kenneth Kitchen, profesor emérito de egiptología en la universidad de Liverpool, escribe: "¡Por supuesto que no! A los levantinos[41] en Egipto se les describía

_____

[41] _Levantino_ es un antiguo término británico que se refiere a personas que viven en la zona oriental del Mediterráneo, sus islas y sus países limítrofes.

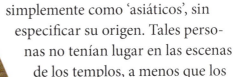

simplemente como 'asiáticos', sin especificar su origen. Tales personas no tenían lugar en las escenas de los templos, a menos que los hubieran derrotado fuera de Egipto".[42]

Dado que sucedía esto, es interesante comentar que las inscripciones en Egipto, que se remontan a la época en que los israelitas estuvieron en ese país, retratan a prisioneros extranjeros, procedentes de Canaán, **haciendo ladrillos de barro**, mientras unos capataces armados de varas supervisan su labor durante la construcción de un templo. Es una escena que evoca vívidamente la tragedia que vivieron los israelitas descritos en el libro de Éxodo.[43]

Tutmosis III fue faraón aproximadamente entre los años 1504 y 1450 a. C., poco después del éxodo. Esta estatua de basalto que lo representa se halla expuesta en el museo de Luxor, en Egipto. Es probable que Amenhotep II, que le sucedió en el trono, fuera el faraón a quien se enfrentó Moisés.

---

[42] K. A. Kitchen, *On the Reliability of the Old Testament* (Grand Rapids, MI: Eerdmans, 2006), 466-467.
[43] Jeffery L. Sheler, *Is the Bible True?* (Nueva York, NY: HarperSanFrancisco/Zondervan, 1999), 80.

LADRILLOS HECHOS CON PAJA

En el libro de Éxodo leemos que el faraón "dio la siguiente orden a los capataces egipcios y a los jefes de trabajo israelitas: 'Ya no les provean paja para hacer los ladrillos. ¡Hagan que ellos mismos vayan a buscarla!'" (Éxodo 5:6-7). La dificultad de esta tarea extra, unida a una aparente carestía de paja, obligó a los judíos a repartirse "por todo Egipto en busca de hierba seca para usar como paja" (Éxodo 5:12). Había una razón para que la paja fuera importante. En su comentario de Éxodo, el Dr. Bruce Wells señala que los experimentos científicos han demostrado que el uso de paja picada en los ladrillos de adobe aumenta hasta tres veces su resistencia a la rotura.[44]

En la década de 1920, T. Eric Peet, el arqueólogo mundialmente famoso de la universidad de Liverpool, afirmó que este relato de Éxodo 5 era erróneo, y que manifestaba la ignorancia de la persona que escribió el libro. ¿Por qué? Según Peet, la paja era totalmente innecesaria para fabricar ladrillos, porque el fango del río Nilo fragua tan bien que no es necesario añadir material cohesivo (paja o rastrojo).[45]

La interpretación crítica que hace Peet de este pasaje de Éxodo se vino abajo cuando se descubrieron en Egipto ladrillos antiguos que contenían paja. El arqueólogo Dr. Joseph Free escribe:

> He examinado muchos ladrillos de adobe que rodeaban los antiguos templos egipcios y he detectado la presencia de paja en muchos de ellos. John Wilson, el eminente egiptólogo de la universidad de Chicago,

---

[44] Bruce Wells, "Exodus", en John H. Walton (editor general), *Zondervan Illustrated Bible Backgrounds Commentary: Old Testament: Volume 1* (Grand Rapids, MI: Zondervan, 2009), 180.
[45] Free, *Archaeology and Bible History*, 82.

observó que la paja se usaba en buena parte de la fabricación egipcia de ladrillos. En resumen, sería justo afirmar que el punto de vista extremo de Peet debe modificarse, ineludiblemente, a la luz de la evidencia arqueológica.[46]

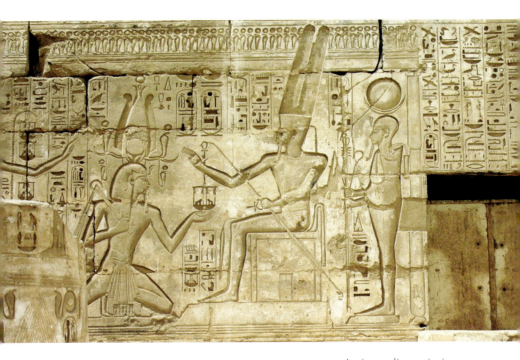

Antiguo relieve egipcio.

EL ÉXODO

La Biblia nos dice que Dios liberó a los israelitas de su esclavitud en Egipto y les condujo a una tierra situada al norte, que Él había prometido a Abraham unos siglos antes. Los críticos de la Biblia llevan mucho tiempo manifestando su escepticismo respecto al relato del éxodo.

---

[46] Ibíd.

Una de las objeciones que plantean los críticos tiene que ver con la tremenda presencia militar de los egipcios que seguía la ruta costera del Mediterráneo hasta llegar a Canaán.[47] Los críticos afirman que hubiera sido imposible que los israelitas superasen tal ejército.

Bueno, pero los críticos dicen eso porque no tienen en cuenta un par de cosas. Primero, un ejército, del tamaño que sea, no es rival para Dios. Puede que usted recuerde lo que hizo un solo ángel a 185.000 asirios en una sola tarde (2 Reyes 19:35). Un segundo hecho que los críticos pasan por alto es que la Biblia nos dice, concretamente, que los israelitas *no* siguieron la ruta del Mediterráneo, no fuera que se echaran atrás cuando vieran a los ejércitos (Éxodo 13:17-18). No es inusual que los críticos de la Biblia malinterpreten o no logren entender los detalles de un relato bíblico, y luego ataquen su propia mala interpretación.

Otra objeción que plantean los críticos sobre el éxodo se refiere a la falta de documentos egipcios que mencionen la partida de los israelitas de su territorio. Pero la ausencia documental no debería preocuparnos. Es posible que los egipcios tuvieran un documento escrito sobre el éxodo, pero, como dice el egiptólogo británico Kenneth Kitchen, los voluminosos archivos de papiros que estuvieron almacenados en Egipto han desaparecido:

> En el fango del delta del Nilo, embebido de agua, no hay papiro que sobreviva (mencione o no a los hebreos fugitivos)… En otras palabras, dado que los archivos oficiales del siglo XIII procedentes de ciudades situadas en la parte este del delta del Nilo se han perdido al cien por cien, *no podemos* esperar que

---

[47] Kitchen, *On the Reliability of the Old Testament*, 467.

contengan menciones de los hebreos o de cualquier otro pueblo.[48]

"Muy bien —dice el escéptico—, quizá no queden registros escritos sobre papiro, pero sin duda debería haber alguna inscripción en algún relieve que mencione el éxodo".

No estoy de acuerdo. Como dice Jeffery Sheler, escritor sobre cuestiones religiosas en el *U. S. News & World Report*:

> Los registros oficiales y las inscripciones en el antiguo Oriente Próximo se escribían a menudo para impresionar a los dioses y a los enemigos potenciales; sería bastante sorprendente encontrar un relato de la destrucción del ejército del faraón inmortalizado en los muros de un templo egipcio… En realidad, la ausencia de evidencias materiales directas de una estancia de los israelitas en Egipto no es tan sorprendente o perjudicial para la credibilidad de la Biblia como podría parecer a primera vista.[49]

El arqueólogo James Hoffmeier está de acuerdo con Sheler. Dice: "Típicamente, las inscripciones faraónicas no plasmaban las catástrofes ni los contratiempos que experimentaba Egipto o su realeza".[50] Joseph Free añade:

> Las plagas y el éxodo de Israel fueron una calamidad nacional, y sin duda se eliminarían cuidadosamente de los registros monumentales. Además, cuando se registraba algo que a un régimen posterior le resultaba poco halagüeño o de mal gusto, se borraba a la primera

---

[48] Ibíd. Cursivas en el original.

[49] Sheler, *Is The Bible True?* , 78.

[50] James K. Hoffmeier, *The Archaeology of the Bible* (Oxford, Inglaterra: Lion, 2008), 54.

oportunidad. Por ejemplo, después de que los hicsos[51] fueran expulsados [por los egipcios], sus monumentos fueron destruidos. Además, tras la muerte de Hatshepsut, Tutmosis III borró a golpes de escoplo el nombre y las representaciones de esa reina.[52]

"De acuerdo —razona el escéptico—, quizá no habría una inscripción en un muro que cuente la historia del éxodo, pero sin duda los israelitas dejarían a su paso restos de alfarería en el desierto del Sinaí durante su traslado de Egipto a Canaán".

Cuando hablamos de encontrar evidencias del éxodo (como piezas de alfarería en el desierto del Sinaí), es importante recordar que los israelitas vivieron como nómadas durante el tiempo que pasaron en esa zona. Los nómadas que viven en un entorno desértico, donde cada utensilio e instrumento tiene un gran valor, dejan pocas huellas en el registro arqueológico. Los campamentos de tiendas israelitas de hace 3000 años, que eran transitorios, no dejarían mucho a sus espaldas en las arenas siempre móviles del desierto.

Un ex profesor de Yale, Millar Burrows, está de acuerdo: "De hecho, es poco razonable esperar que encontraremos evidencias arqueológicas de su paso por allí. Para seguir la ruta de migración de un pueblo por el desierto no podemos esperar mucha ayuda por parte de la arqueología".[53]

También debemos tener en cuenta que "los egipcios apresuraban al pueblo de Israel a que abandonara la tierra cuanto antes", y que "los israelitas fueron expulsados de Egipto con tanto apuro, que *no tuvieron tiempo de preparar pan ni*

---

[51] Los hicsos fueron un pueblo de origen mezclado semítico y asiático que invadió Egipto y se asentó en el delta del Nilo c. 1640 a. C. Formaron las dinastías XV y XVI de Egipto, gobernando una gran parte del país hasta que fueron expulsados c. 1532 a. C.

[52] Free, *Archaeology and Bible History*, 86.

[53] Burrows, *What Mean These Stones?*, 63.

El desierto del Sinaí en Egipto.
Foto de Florian Prischl/Wikimedia Commons

cualquier otro alimento" (Éxodo 12:33, 39). No previeron su desobediencia que les mantendría fuera de la Tierra Prometida y les acarrearía pasar un tiempo muy prolongado en el desierto. Originariamente, los israelitas partieron en un viaje corto hacia Canaán, entendiendo que Dios proveería para sus necesidades (Éxodo 3:8-12). No era necesario que transportaran todos sus utensilios de barro tan pesados.

Ahora bien, tras admitir que las evidencias arqueológicas del éxodo son escasas, creo que vale la pena destacar que hay ciertos detalles del relato bíblico que sí ha corroborado la arqueología. Por ejemplo, la BBC (British Broadcasting Corporation) nos dice que:

> Según la Biblia, cuando los hebreos salieron de Egipto, el faraón cambió de opinión y envió 600 **carros** para perseguir a los esclavos fugitivos. Esta cifra de 600, ¿podría ser una exageración bíblica? En 1997, en el yacimiento de la ciudad de Ramsés II, unos arqueólogos alemanes desenterraron los cimientos de un antiguo establo. Al final de la excavación, habían encontrado establos suficientes como para albergar al menos a 500 caballos y sus carros.[54]

---

[54] "Moses", julio de 2009, http://www.bbc.co.uk/religion/religions/judaism/history/moses_1.shtml, consultada el 4 de octubre de 2010.

Arriba: Antiguo relieve egipcio grabado en un muro del templo de Karnak, en Luxor, Egipto. Izquierda: Relieve en un muro de Abu Simbel, Egipto. Fíjese en los carros.

Para conocer más detalles que corroboran la existencia del éxodo, véase el excelente libro de Randall Price, *The Stones Cry Out.*[55]

Sin embargo, vamos a asumir que no aparezca ninguna evidencia arqueológica concluyente que afirme directamente los sucesos del éxodo.[56] ¿Significa eso que el éxodo no tuvo

---

[55] En concreto, consultar el capítulo "The Exodus: The First Passover Plot?", en Randall Price, *The Stones Cry Out: What Archaeology Reveals About the Truth of the Bible* (Eugene, OR: Harvest House, 1997), 125-140.
[56] Para una crítica de *In Search of the Mountain of God: The Discovery of the Real Mount Sinai* (Broadman & Holman, 2000), le remito al artículo en la web de Associates for Biblical Research, de Gordon Franz, "Is Mount Sinai in Saudi Arabia?", 10 de junio de 2008, http://www.biblearchaeology.org/post/2008/06/10/Is-Mount-Sinai-in-Saudi-Arabia.aspx, consultada el 23 de noviembre de 2010.

La escritura cuneiforme se compone de letras en forma de cuña,
y fue desarrollada por los sumerios mucho antes de Moisés.

lugar? Por supuesto que no. Pudiera ser simplemente que la
evidencia del éxodo *aún* no se ha descubierto. Como señala el
Dr. Paul Maier, profesor de historia antigua en la universidad
de Western Michigan: "En el Sinaí apenas se llevan a cabo
excavaciones arqueológicas, y si la situación cambia es muy posible que se encuentren evidencias de una migración".[57] Como
veremos en las páginas siguientes, numerosas críticas de la
Biblia se han desvanecido a golpes de pala de los arqueólogos.
Otra posibilidad es que el éxodo sea uno de esos sucesos en la
Biblia que la arqueología nunca confirmará. ¿Por qué? Porque
quizás ese acontecimiento no ha dejado tras de sí evidencias
localizables por los arqueólogos.

LA ESCRITURA EN TIEMPOS DE MOISÉS

Muchos críticos de la Biblia solían afirmar que el arte de
la escritura era desconocido en tiempos de Moisés. Nos ase-
guraban, confiadamente, que la era de Moisés estuvo sumida

---

[57] Paul Maier, "Archaeology: Biblical Ally or Adversary", *The Christian
Research Journal*, vol. 27, nº 2 (2004), disponible en http://journal.equip.
org/articles/archaeology.

en el analfabetismo. Algunos eruditos incluso sostenían que la escritura no se inventó hasta 500 años después de la época de Moisés.[58] Como se suponía que eso era cierto, era imposible que Moisés hubiera escrito los cinco primeros libros de la Biblia. Sus hipótesis sin fundamento se desintegraron cuando se descubrieron amplias bibliotecas de tablillas en la ciudad de Ur, en Irak, demostrando que en este mundo la gente ya escribía mucho antes del nacimiento de Abraham, por no mencionar el de Moisés.[59]

EL VINO EN EGIPTO: HERÓDOTO CONTRA MOISÉS

Heródoto, el historiador griego del siglo V a. C., cuya *Historia* en nueve partes le ganó el apodo "el padre de la historia", escribió lo siguiente sobre los antiguos egipcios: "Por lo que respecta a su dieta, es la siguiente: comen pan, elaborando panes de maíz, al que llaman *kyllestis*, y suelen consumir habitualmente un vino elaborado con cebada,[60] porque en su tierra no tienen vides".[61]

El descubrimiento de los comentarios de Heródoto dio oportunidad a los críticos para cuestionar una vez más la veracidad de la Biblia. Y es que Moisés parece indicar en el libro de Génesis que los egipcios *sí* cultivaban uvas y bebían el vino tradicional elaborado con ellas. Puede que recuerde el relato de Génesis en el que José estaba en una cárcel egipcia. José interpretó el sueño misterioso del copero sobre una vid, uvas y vino.

---

[58] Harry Rimmer, *Dead Men Tell Tales* (Berne, IN: Eerdmans, 1954), 134-135.

[59] Henry Morris, *Science and the Bible*, edición revisada (Chicago, IL: Moody, 1986), 94-95.

[60] Algo probablemente parecido a la cerveza actual.

[61] *The History of Herodotus, Book 2:77*, paralelo inglés/griego, traducido por G. C. Macaulay (1890), consultado en http://www.sacred-texts.com/cla/hh/hh2070.htm.

Le dijo al copero que pronto sería liberado de la cárcel y recuperaría su puesto como catador del vino del faraón (Génesis 40:9-13).

Escribiendo en 1939, el arqueólogo Harry Rimmer señaló que dado que se suponía que Heródoto era la autoridad definitiva sobre las materias de la antigüedad, los críticos de la Biblia se aprovecharon con un considerable regocijo de esta discrepancia, poniéndose de parte de Heródoto y en contra del texto bíblico.[62] Pero Rimmer subrayó también cómo zanjó la arqueología este debate:

> Es posible que esta discusión [sobre quién tenía razón] siguiera hoy día de no ser por el descubrimiento de una evidencia incuestionable entre los frescos que decoraban las tumbas egipcias antiguas. Esos frescos mostraban a los egipcios practicando el arte de la viticultura… cuidando y podando las vides… recogiendo las uvas… extrayendo el mosto… alegrándose con el mosto de la uva.[63]

Y los hallazgos arqueológicos no solo revelan una pequeña parte de la historia egipcia. El Dr. Ippolito Rosellini, profesor

---

[62] Rimmer, *Dead Men Tell Tales*, 23-25.
[63] Ibíd., 23.

de idiomas orientales en la universidad de Pisa, escribió que en las tumbas egipcias se han encontrado numerosas representaciones del cultivo de la vid y de la elaboración del vino, "no solo en tumbas de la época de la dinastía XVIII y posteriores, sino también en aquellas pertenecientes a la época de las dinastías más antiguas",[64] mucho antes de los tiempos de Moisés. Por tanto, hoy día nadie discute que en los tiempos de José *había* uvas

Heródoto fue un historiador griego del siglo V a. C.

y vino en el antiguo Egipto, tal como registra la Biblia.

Los críticos que usaban los comentarios de Heródoto para contradecir la Biblia debieran haber tenido la prudencia de leer su *Historia* un poco más a fondo. Una lectura más exhaustiva les hubiera revelado que en realidad Heródoto admitía la existencia del vino de origen vitícola solo unas pocas páginas antes de aquella afirmación que puso en marcha el debate, en 2:77.[65] En su *Historia* 2:37, Heródoto escribió:

> Ellos [los sacerdotes egipcios] disfrutan también de buenas cosas y no pocas [sic], porque no consumen ni

---

[64] Citado en Ernst Hengstenberg, *Egypt and the Books of Moses* (Nueva York, NY: Andover, 1843), 373.

[65] Digo "vino de origen vitícola", que admito que viene a ser como decir "zumo de naranja extraído de las naranjas", para diferenciarlo del vino que menciona Heródoto, elaborado a base de cebada (2:77), lo que hoy día llamaríamos "cerveza".

gastan nada de sus propios bienes, sino que existe un pan sagrado que es elaborado para ellos, y disponen de una gran cantidad de carne de buey y de ganso que reciben todos los días, y también *vino de uvas*.

Es decir, que aunque Heródoto parece decir en un pasaje que en Egipto no existía el vino tradicional (2:77), unas pocas páginas antes admitía que *sí* existía (2:37). Esto me lleva a pensar que, cuando dijo "porque en su tierra no tienen vides" (2:77), hablaba de una región concreta de Egipto, no del país en general. Sea cual fuere la intención de Heródoto, hoy día no hay motivos para dudar de las palabras de Moisés sobre este asunto.

EL CÓDIGO DE HAMMURAPI

Los críticos de la Biblia no solo cuestionaban el texto en lo relativo al vino y a la escritura egipcios en tiempos de Moisés, sino que cuestionaban si un código legal complejo, como el que redactó Moisés, se podría haber escrito en una época tan temprana (c. 1446 a. C.). Su pregunta tuvo respuesta en 1901. Fue entonces cuando un excavador francés llamado Jacques de Morgan desenterró un monumento de piedra negra (llamado "estela") de más de dos metros de alto, en Susa, en el sudoeste de Irán. El monumento, que hoy día puede verse en el Louvre, París, contiene 282 leyes inscritas, y se le conoce como el **Código de Hammurapi** (una grafía que los eruditos prefieren a *Hammurabi*).

Hammurapi, que era amorreo, fue el sexto gobernador, y el más conocido, de la primera dinastía babilónica. Vivió aproximadamente entre los años 1792 y 1750 a. C., de modo que suele admitirse que el código legal de Hammurapi se recopiló casi tres siglos antes de que los israelitas llegaran al pie del monte

Sinaí.[66] El descubrimiento de estas leyes y de otros códigos antiguos desenterrados desde entonces ha silenciado para siempre las preguntas sobre si existían leyes complejas en tiempos de Moisés. Sin duda que existían.[67]

Pero el descubrimiento del código de Hammurapi hizo que surgiera otro problema, que los críticos de la Biblia siguen propagando. A los críticos les gusta señalar las similitudes entre el código de Hammurapi y las leyes del Antiguo Testamento, y afirman que Moisés plagió sus ideas sobre cómo gobernar una nación, o bien las tomó prestadas, de Hammurapi. Y, "como se dio ese caso —afirman los críticos—, las palabras de Moisés tuvieron un origen humano, no divino, y

Este monumento del código de Hammurapi, de dos metros de alto, expuesto en el Louvre en París, retrata a Hammurapi, a la izquierda, delante del dios Marduk o Shamash, sentado.

---

[66] Alfred J. Hoerth, *Archaeology and the Old Testament* (Grand Rapids, MI: Baker Academic, 1998), 171.

[67] El *Holman Bible Dictionary* afirma: "Ahora los arqueólogos disponen de cinco códigos legales cuneiformes que fueron escritos antes de la época de Moisés: los de Ur-Nammu, Eshnunna, Lipit-Ishtar, Hammurabi y los hititas". El código de Ur-Nammu o de la ciudad de Ur data del año 2100 a. C. (Fant y Reddish, *Lost Treasures of the Bible*, 60); una excavación en un yacimiento llamado Nuzi, en el centro-este de Mesopotamia, reveló unas leyes parecidas, que se remontaban al siglo XV a. C. (Hoerth y McRay, *Bible Archaeology*, 46).

toda la historia de Moisés que afirma que recibió la instrucción de Dios es un engaño gigantesco".

Bueno, como respuesta a esto empezaré admitiendo que los cristianos y los judíos reconocen que *existen* ciertas similitudes entre el código de Hammurapi y la ley mosaica. Permítame que comparta con usted tres de los ejemplos más evidentes. A medida que los lea, piense por sí mismo. ¿Le parece que Moisés plagió el código de Hammurapi, o quizá pasó otra cosa?

SECUESTRO

Código de Hammurapi, nº 14
"Si alguien roba el hijo menor de otro, será muerto".[68]

Éxodo 21:16
"Todo secuestrador será ejecutado, ya sea que encuentren a la víctima en su poder o que ya la haya vendido como esclavo".

HURTO

Código de Hammurapi, nº 8, 22
"Si alguno robara ganado u ovejas, o un asno, un cerdo o una cabra, si pertenece a un dios o a la corte, el ladrón pagará treinta veces su valor; si pertenecieren a un hombre libre del rey, pagará diez veces su importe; si el ladrón no tiene con qué pagar será ejecutado... Si alguien comete un robo y lo atrapan, será ejecutado".

---

[68] Se puede leer el código de Hammurapi en http://es.wikisource.org/wiki/Código_de_Hammurabi.

Éxodo 22:1-4

"Si alguien roba un buey o una oveja y luego mata o vende el animal, el ladrón tendrá que pagar cinco bueyes por cada buey robado y cuatro ovejas por cada oveja robada. Si se sorprende a un ladrón en el acto de forzar la entrada a una casa y, durante el enfrentamiento, se le mata a golpes, la persona que mató al ladrón no es culpable de asesinato. Pero si sucede a la luz del día, el que mató al ladrón sí es culpable de asesinato. El ladrón que sea capturado pagará la cantidad total de lo que haya robado. Si no puede pagar, se venderá como esclavo para pagar por lo robado. Si alguien roba un buey o un burro o una oveja, y se encuentra el animal en su poder, entonces el ladrón tendrá que pagar el doble del valor del animal robado".

OJO POR OJO

Código de Hammurapi, n° 196-197, 200

"Si un hombre le saca el ojo a otro, le será arrancado su propio ojo. Si rompe el hueso de otro, su hueso será quebrantado... Si un hombre le arranca un diente a otro, él mismo perderá un diente".

Éxodo 21:22-25

"Supongamos que dos hombres pelean y, durante la lucha, golpean accidentalmente a una mujer embarazada y ella da a luz antes de término. Si ella no sufrió más heridas, el hombre que golpeó a la mujer estará obligado a pagar la compensación que el esposo de la mujer exija y que los jueces aprueben. Pero si hay más lesiones, el castigo debe ser acorde a la gravedad del daño: vida por vida, ojo por ojo, diente por diente, mano por mano, pie por pie, quemadura por quemadura, herida por herida, moretón por moretón".

Por tanto, como puede ver, sí que existen ciertas similitudes. Y hay algunos otros pasajes que se podrían comparar.[69] Pero las similitudes no demuestran la existencia de un plagio.

La mayor parte de las similitudes en ambos conjuntos de leyes se limita al hecho de que ambos códigos abordan cosas como el asesinato, el hurto, el adulterio, el secuestro… problemas que toda sociedad debe tratar. Esto no es prueba de plagio ni mucho menos.

El país en el que vivo, Estados Unidos, tiene también cientos de leyes relativas a estos temas. Lo mismo pasa en India, Francia y Australia. ¿Acaso la similitud entre nuestras leyes significa que hemos plagiado las de esos países? Por supuesto que no. La similitud entre algunas de nuestras leyes no apunta al plagio, sino al hecho de que los humanos fuimos hechos a imagen de Dios y tenemos su ley escrita en nuestros corazones (Romanos 2:15). Las sociedades de todo el mundo saben que hay ciertas cosas que están mal (el hurto, el secuestro, el asesinato, etc.), de modo que, durante miles de años, en los códigos legales de todo el mundo han aparecido leyes contra tales actos. Por tanto, si la similitud entre nuestras leyes y otras no indica que hemos plagiado las de otros países, ¿por qué llegar a la conclusión de que el parecido entre las leyes del Antiguo Testamento y el código de Hammurapi es fruto de un plagio?

Pero el crítico plantea una buena pregunta: "¿Qué pasa con ese dicho peculiar que habla de 'ojo por ojo'? Parece sospechoso que aparezca en los dos códigos, a menos que se produjera cierto plagio".

---

[69] Compárese Hammurapi 195 con Éxodo 21:15; 206 con Éxodo 21:18-19; 209-210 con Éxodo 21:22-25; 250-251 con Éxodo 21:28-32.

Sin duda, la afirmación del "ojo por ojo" es el ejemplo de "plagio" más mencionado. Pero quiero que se dé cuenta de algo que aparece en el pasaje anterior (código de Hammurapi, 196 y ss.). Hammurapi no dice "ojo por ojo"; se limita a decir "le será arrancado un ojo". Moisés dice "ojo por ojo", pero Hammurapi no. No veo razón concluyente para afirmar que las palabras de Moisés ("vida por vida, ojo por ojo, diente por diente") sean el resultado de un plagio. Los conceptos (que el castigo debe ser proporcional al crimen) son parecidos, pero las palabras son diferentes.

Le señalo esto porque algunas personas me han dicho: "Hammurapi dijo 'ojo por ojo' ¡trescientos años antes de Moisés!". Pero, como hemos visto, esto no es exactamente así: la forma de decirlo es diferente.

Aunque *pudiera* sostenerse que las palabras de Moisés relativas a la retribución correcta se parecen demasiado al código de Hammurapi como para ser originales, no me inquietaría, porque es posible que Dios expresara su voluntad a Moisés usando palabras y conceptos con los que los israelitas ya estuvieran familiarizados. Muchas de las leyes babilónicas ya eran muy conocidas en aquella parte del mundo en tiempos de Moisés. Por consiguiente, existe la posibilidad de que mucho antes de llegar al monte Sinaí los israelitas conocieran las leyes de Hammurapi relativas a la retribución proporcional. Es posible que, en lugar de transmitir leyes a los israelitas usando términos nuevos, Dios transmitiera este concepto (la retribución proporcional) en unos términos con los que los israelitas ya estuvieran familiarizados (ojo por ojo).

Otros ataques a la acusación de plagio incluyen la diferencia en los remedios y las penas para muchas de las cuestiones legales (como hemos visto en las leyes anteriores relativas al hurto). Otro golpe contundente es el hecho de que las leyes del Antiguo Testamento se presentan como expresión de un Dios santo (Levítico 19:1-2); esto no es ni mucho menos lo que

El museo del Louvre en París, uno de los más grandes del mundo, alberga la estela del código de Hammurapi.

sucede en el código de Hammurapi. Fred Wight, autor de *Highlights of Archaeology in Bible Lands*, comenta sobre esto:

> La ley mosaica enfatiza mucho la admisión de que el pecado es la causa de la decadencia de una nación. Este pensamiento brilla por su ausencia en el código de Hammurabi… Además, el gran principio fundamental de las leyes de Dios en la Biblia hebrea se puede resumir con las palabras "sé santo, porque yo soy santo" [Lv. 11:45]. Un principio como este era totalmente desconocido para los babilonios, pues no figuraba en su código legal.[70]

El arqueólogo Alfred Hoerth añade:

> El código legal del Antiguo Testamento tiene una orientación religiosa, mientras que los demás son civiles. Los mesopotámicos creen que el Dios Shamash dio a Hammurapi su código legal para que las personas pudieran convivir unas con otras. En la Biblia, el código

---

[70] Wight, *Highlights of Archaeology in Bible Lands*, 72.

legal se dio, fundamentalmente, para que el pueblo pudiera convivir con Dios.[71]

Por lo tanto, aunque existen algunas similitudes entre el código de Hammurapi y la ley del Antiguo Testamento, las tremendas diferencias entre códigos demuestran que la acusación de plagio carece de fundamento.

JERICÓ

Jericó está situada a unos 16 kilómetros al norte del mar Muerto, y a unos 8 kilómetros al oeste del río Jordán. Es muy recordada como la ciudad en torno a la cual marcharon los israelitas durante una semana, antes de que Dios hiciera caer sus muros (Josué 6).

Después de excavar en este antiguo yacimiento en la década de 1950, la arqueóloga británica Kathleen Kenyon afirmó que en ese punto no había existido una ciudad, y mucho menos con murallas, en la época en que supuestamente Josué la conquistó, en torno al 1400 a. C. Kenyon encontró los muros derruidos de una antigua ciudad fortificada en Jericó, junto con un estrato de tierra calcinada, lo cual indicaba la destrucción por fuego, pero dató las ruinas en torno al 1550 a. C., más de un siglo antes de que llegasen Josué y los israelitas.[72] Durante años, los críticos de la Biblia citaron la conclusión de Kenyon como prueba de que la conquista de Jericó a manos de Josué era una pura leyenda. Pero la datación de Kenyon pasa por un mal momento.

Un examen más reciente de la alfarería cananea que encontró en Jericó el Dr. Bryant Wood, arqueólogo y ex profesor de estudios sobre Oriente Próximo en la universidad de Toronto,

---

[71] Hoerth, *Archaeology and the Old Testament*, 171.
[72] Maier, "Archaeology: Biblical Ally or Adversary", http://journal.equip. org/articles/archaeology.

Ruinas de la antigua ciudad de Jericó.

ha demostrado que **Jericó** *fue* conquistada en torno al año 1400 a. C., la misma época que ofrece el Antiguo Testamento como la del paso del pueblo hebreo a Canaán.[73] La investigación del Dr. Wood apareció en un artículo publicado en la revista *Time* en 1990, titulado "La Biblia marca un tanto".[74] Los hallazgos en este yacimiento incluyen:[75]

- los muros derrumbados mencionados en el libro de Josué (Josué 6:20)
- evidencias de que los muros se derrumbaron en el momento en que fue conquistada la ciudad, no más tarde, por ejemplo debido al paso del tiempo y a la degradación

[73] Véase Bryant Wood, "The Walls of Jericho", 9 de junio de 2008, http://www.biblearchaeology.org/post/2008/06/09/The-Walls-of-Jericho.aspx, consultada el 19 de octubre de 2010.

[74] Michael D. Lemonick y Catherine L. Mihok, "Score One for the Bible", *Time*, 5 de marzo de 1990, http://www.time.com/time/magazine/article/0,9171,969538,00.html, consultada el 9 de enero de 2012.

[75] Muchos de estos puntos se mencionan en el artículo de *Time* al que hemos hecho referencia. Otros están adaptados de Randall Price, *The Stones Cry Out*, 152.

- evidencias de que la ciudad fue destruida totalmente por el fuego (Josué 6:24). El carbón encontrado entre los escombros arrojó una fecha de 1410 a. C. según la datación por carbono 14, cuarenta años arriba o abajo[76]
- evidencias de que la destrucción tuvo lugar en la época de la cosecha primaveral, como indica la gran cantidad de grano almacenado en la ciudad (Josué 2:6; 3:15; 5:10)
- evidencia de que el asedio de los israelitas contra la ciudad fue breve. Por ejemplo, los almacenes de Jericó contenían sacos intactos llenos de trigo, cebada, dátiles y lentejas (alimentos que se hubieran consumido de haberse prolongado mucho el asedio; ver Josué 6:15-20)[77]
- evidencias de que a los israelitas no se les permitió tocar nada de lo que había en la ciudad (excepto la plata, el oro y las vasijas de bronce y de hierro; ver Josué 6:17-19)

Si le interesa saber algo más sobre el tema, le recomiendo el documental *Jericho Unearthed*.[78] Encontrará imágenes de las antiguas murallas junto con entrevistas a diversos arqueólogos, incluyendo uno que excavó junto a Kathleen Kenyon hace medio siglo. El documental analiza las conclusiones erróneas de Kenyon, y muestra cómo la evidencia arqueológica respalda la precisión histórica del relato bíblico en Josué 6.

---

[76] Walter C. Kaiser, Jr., *The Old Testament Documents: Are They Reliable and Relevant?* (Downers Grove, IL: InterVarsity Press, 2001), 112.

[77] H. L. Willmington, "The Destruction of Jericho (Joshua 6)", *Willmington's Guide to the Bible* (Wheaton, IL: Tyndale House, 1981), 954. Ver también: Wight, *Highlights of Archaeology in Bible Lands*, 118.

[78] *Jericho Unearthed* (DVD, SourceFlix, 2009), disponible en AlwaysBeReady.com (solo en inglés).

Otro descubrimiento interesante en Jericó ha contribuido a reivindicar el Nuevo Testamento. En el Evangelio de Lucas leemos que Jesús encontró a un ciego "al *acercarse* a Jericó" (Lucas 18:35). En el Evangelio de Marcos, leemos que Jesús encontró a este ciego cuando "Jesús y sus discípulos *salían* de la ciudad" (Marcos 10:46). Los críticos dicen, por tanto: "Sin duda que Lucas o Marcos cometió un error". Y, al menos al principio, parece que así fuera. Pero cuando uno encuentra en la Biblia una contradicción aparente, no es de sabios concluir que la Biblia ha errado. La Biblia se ha visto exonerada en tantas ocasiones que es más prudente retener el juicio e investigar un poco. Se han escrito muchos libros buenos que explican los pasajes difíciles de la Biblia y sus errores aparentes.[79] Cuando uno investiga la dificultad anterior, descubre una solución fascinante.

Mientras trabajaba en una excavación en Israel entre 1907 y 1909, Ernst Sellin, un arqueólogo alemán, descubrió que en la época de Jesús había dos "ciudades gemelas" de Jericó. Una era **la antigua ciudad hebrea de Jericó**, cuyos días de gloria eran cosa del pasado. La otra Jericó era **la ciudad romana más nueva**, que estaba como a un kilómetro y medio al sur de la antigua. Incluía el tremendo complejo del palacio de Herodes el Grande, con jardines, pórticos, una piscina, un teatro gigante y una pista de carreras de caballos y carros.[80] De modo que, en realidad, había dos ciudades de Jericó, separadas entre

---

[79] Véase Norman Geisler y Thomas Howe, *The Big Book of Bible Difficulties* (Baker, 2008); Ron Rhodes, *Commonly Misunderstood Bible Verses* (Harvest House, 2008); Gleason L. Archer, *Encyclopedia of Bible Difficulties* (Zondervan, 2001). También dispongo de un DVD, *An Examination of Apparent Contradictions in the Bible*, disponible en AlwaysBeReady.com (solo en inglés).

[80] Michael J. Wilkins, "Gospel of Matthew", en Clinton E. Arnold (editor general), *Zondervan Illustrated Bible Backgrounds Commentary: New Testament: Volume I* (Grand Rapids, MI: Zondervan, 2002), 125, 462.

Ruinas de la ciudad nueva de Jericó, romana.

sí por un kilómetro y medio aproximadamente.[81] Saber esto resuelve el dilema en los Evangelios de Marcos y Lucas. Es probable que Jesús sanara al ciego *entre* las dos ciudades; Marcos menciona la ciudad de la que acababa de salir Jesús, y Lucas, aquella a la que se dirigía.

Los escritores bíblicos no erraban. Los críticos, que desconocen la geografía antigua y el modo en que la arqueología ha corroborado la Biblia, son los que se han equivocado.

Podemos estar agradecidos por los versículos como los que mencionamos antes, de los Evangelios de Lucas y Marcos. Si los Evangelios hubieran dicho lo mismo y de la misma manera, tendríamos buenos motivos para pensar que los autores

---

[81] Free, *Archaeology and Bible History*, 251. El arqueólogo John McRay analiza esta aparente contradicción con Lee Strobel en *The Case for Christ*, 98.

se pusieron de acuerdo, que se reunieron y armonizaron sus escritos. "El hecho de que nos ofrezcan perspectivas coherentes pero sin embargo distintas contribuye a explicar por qué siguen siendo dignos de la atención seria de los eruditos después de casi dos mil años de escrutinio".[82]

EL SACRIFICIO DE NIÑOS A MOLOC

El libro de Números, escrito por Moisés, nos dice que Dios ordenó a los israelitas que "expulsaran" a los cananeos cuando entraran en la Tierra Prometida (Números 33:52), y "debes destruirlas por completo… destruir sus altares paganos, hacer pedazos sus columnas sagradas, derribar sus postes dedicados a la diosa Asera y quemar sus ídolos" (Deuteronomio 7:2, 5). Se ha planteado a menudo la pregunta de por qué un Dios de amor ordenaría algo así. La arqueología nos ha ayudado a responder, aunque parcialmente, a esta pregunta, como explicaré en breve.

Primero, creo que es importante señalar que la Biblia no nos deja a oscuras respecto a este asunto. Parte de la respuesta puede hallarse en Levítico 18 y en Deuteronomio 18:9-14. En estos pasajes descubrimos que los cananeos en los tiempos de Josué eran un pueblo tremendamente depravado, que practicaba el incesto, el adulterio, la poligamia, la zoofilia, la homosexualidad, la brujería, el sacrificio de niños a una deidad llamada Moloc, y otras "prácticas detestables" (Levítico 18:30). Los cananeos se habían convertido en una amenaza peligrosa para otros, y si se les hubiera permitido vivir habrían apartado a los israelitas de seguir a Dios (Deuteronomio 7:4). Por tanto, Dios decidió que el tiempo de los cananeos en su Tierra, en el territorio de Dios, había concluido.

---

[82] The Christian Research Institute, "Point-by-point Response to ABC's *Peter Jennings Reporting: The Search for Jesus*" (emitido el 26 de junio de 2000), 10.

Altar cananeo excavado (c. 2500-1800 a. C.), con un diámetro de unos ocho metros, encontrado en Meguido, Israel.

La Biblia dice que Dios es lento para la ira (Génesis 15:16, Números 14:18). No se complace en la muerte de los inicuos; preferiría que el mundo se apartara de sus malos caminos y viviera unas vidas que Él pudiera bendecir (Ezequías 18:23). Si los cananeos hubieran renunciado a sus malos caminos como hicieron los ninivitas (Jonás 3:10), creo que Dios les hubiera mostrado misericordia. Pero no se arrepintieron, por lo cual el juicio divino cayó sobre ellos. Dios utilizó a los israelitas para expulsarlos del territorio, como siglos más tarde emplearía a los asirios y a los babilonios para echar a los israelitas de la tierra, ¡y por los mismos pecados! Dios no muestra parcialidad (Efesios 6:9).

Cuando pensemos en el juicio de Dios sobre los cananeos y el posterior juicio sobre los israelitas, hay que recordar que Dios es soberano sobre la vida; Él creó a la humanidad y tiene derecho a hacer lo que le parezca mejor con su creación. Toda vida le pertenece; si considera que un pueblo es lo bastante malvado como para merecer el juicio, tiene esa prerrogativa. Podemos confiar en Él; es infinitamente más sabio que nosotros, y todas sus obras son santas y justas (Deuteronomio 32:4).

Como mencioné antes, uno de los pecados que hizo caer el juicio de Dios sobre el pueblo de Canaán fue la espantosa práctica de sacrificar a niños al dios Moloc en la hoguera.[83] A pesar de las numerosas referencias bíblicas a esta práctica tan horrible y al hecho de que la mencionaron los historiadores grecorromanos Cleitarco, Diodoro, Plutarco y algunos padres de la Iglesia como Tertuliano,[84] William F. Albright señaló que "los críticos racionalistas de los siglos XIX y XX se negaron a creer que esos informes tuvieran fundamento, sobre todo porque el trabajo arqueológico no parecía respaldarlos con evidencias".[85]

Esto ha cambiado. El ya difunto Dr. Merrill Unger, autor del libro *Archaeology and the Old Testament*, escribió: "Las excavaciones en Palestina han desenterrado montones de cenizas y restos de esqueletos infantiles en cementerios situados en torno a **altares paganos**, lo cual señala la prevalencia de una abominación tan cruel".[86] Edwin Yamauchi, profesor emérito de historia en la universidad de Miami en Oxford, Ohio, y experto reconocido en historia antigua, nos dice: "Los descubrimientos en los cementerios de Cartago, la colonia fenicia, han desvelado crudas evidencias de la costumbre de quemar bebés en piras".[87] Esta era una práctica detestable, maligna, que la Biblia menciona y que ahora confirma la arqueología.

---

[83] Levítico 18:21; 2 Reyes 23:10; Jeremías 7:30-31.

[84] Joseph A. Greene y Lawrence E. Stager, "An Odyssey Debate: Were Living Children Sacrificed to the Gods? Yes". *Archaeology Odyssey*, nov./dic. 2009, 29, 31. http://members.bib-arch.org/publication.asp?PubID=BSAO&Volume=3&Issue=6&ArticleID=23, consultada el 3 de diciembre de 2011.

[85] William F. Albright, *Yahweh and the Gods of Canaan* (Garden City, NY: Doubleday, 1968), 235. Citado en Edwin Yamauchi, *The Stones and the Scriptures*, 161-162.

[86] Unger, *Archaeology and the Old Testament*, 279.

[87] Yamauchi, *The Stones and the Scriptures*, 162. Ver también: Stager y Wolff, "Child Sacrifice at Carthage—Religious Rite or Population Control?", en *Biblical Archaeology Review*, http://members.bib-arch.org/search.asp?PubID=BSBA&Volume=10&Issue=1&ArticleID=2&UserID=0&.

Fragmentos de piedra descubiertos en Dan (1993-1994) que mencionan a David, rey de Israel. Están expuestos en el Museo de Israel en Jerusalén. Foto de Zev Radovan.

DAVID

Los libros 1 y 2 de Samuel del Antiguo Testamento nos dicen que el segundo hombre que fue ungido rey en Israel fue David. Gobernó aproximadamente entre los años 1011 y 971 a. C. Escribió muchos de los salmos, y recibió la promesa de Dios de que el Mesías venidero pertenecería a su linaje (2 Samuel 7:12s).

Hasta 1993 no se había encontrado fuera de la Biblia ni una sola evidencia sobre la existencia de David. Por tanto, "en algunos círculos académicos se había puesto de moda rechazar los relatos sobre David como una invención de unos propagandistas sacerdotales que intentaban dignificar el pasado de Israel después del exilio en Babilonia".[88] El veredicto de los críticos fue que David "no fue más que una figura de la mitología religiosa y política".[89]

---

[88] Sheler, *Is the Bible True?*, 56.
[89] Sheler, *Is the Bible True?*, 95-96.

Pues bien, su escepticismo respecto a David "se vino abajo de la noche a la mañana"[90] en 1993, cuando se descubrió una inscripción de casi 3000 años de antigüedad, grabada en basalto negro, en la ciudad de Dan, al norte del mar de Galilea, en Israel. La inscripción, escrita en arameo, menciona al "rey de Israel" y "al rey de **la casa de David**". Fue un hallazgo sorprendente, y ayudó a verificar por primera vez que David fue un personaje histórico auténtico. Michael Lemonick, escribiendo para la revista *Time*, admitió correctamente que, a la luz de este descubrimiento, "resulta difícil sostener la afirmación de los escépticos de que el rey David nunca existió".[91] El redactor de la sección de religión en *U. S. News & World Report*, Jeffery Sheler, dijo:

> La referencia fragmentaria a David fue un bombazo histórico. En los registros de la antigüedad ajenos a las páginas de la Biblia nunca se había encontrado el nombre familiar del antiguo rey-guerrero de Judá y, según las Escrituras cristianas, antepasado de Jesús. Los académicos escépticos llevaban tiempo aprovechando esa situación para sostener que David fue una mera leyenda… Ahora, al fin, había evidencia material, una inscripción grabada no por los escribas hebreos, sino por un enemigo de los israelitas poco más de un siglo después de la época en que supuestamente vivió David. Este hallazgo fue una corroboración diáfana de la existencia de la dinastía del rey David y, por extensión, del propio David.[92]

---

[90] El arqueólogo Israel Finkelstein en Sheler, *Is the Bible True?*, 56.
[91] Michael D. Lemonick, "Are the Bible's Stories True? Archaeology's Evidence", *Time*, 18 de diciembre de 1995, http://www.time.com/time/magazine/article/0,9171,983854-6,00.html, consultada el 20 de noviembre de 2010.
[92] Sheler, *Is the Bible True?*, 60-61.

Desde este descubrimiento realizado en 1993, se ha identificado otra referencia a David en la antigua **piedra moabita** o "estela Mesha",[93] descubierta en Jordania en 1868. La inscripción de esta piedra conmemora las victorias de Mesha, rey de Moab, sobre Israel (2 Reyes 3:4), y contiene una referencia a "la casa de David" y "el altar de YHWH", la primera referencia clara al Dios de Israel por su nombre en las fuentes antiguas.[94]

La estela de Mesha (Piedra Moabita), expuesta en el Louvre, contiene una referencia a "la casa de David", y al "altar de YHWH".

LOS FILISTEOS

En el Antiguo Testamento se habla a menudo de los filisteos. Sansón, Samuel, Jonatán, Saúl y David tuvieron encuentros con ellos. Algunos académicos dudaban de la existencia de los filisteos, sugiriendo que los encontronazos con ellos eran invenciones de los escribas judíos para dramatizar el poderío bélico de la dinastía davídica "mítica".[95] Robert Henry Pfeiffer, asiriólogo y profesor en Harvard, escribió en 1941 sobre "los

---

[93] Una estela es una losa de piedra vertical o una columna que, típicamente, contiene una inscripción conmemorativa o un relieve.
[94] Para más detalles sobre esta inscripción, véase K. A. Kitchen, *On the Reliability of the Old Testament* (Grand Rapids, MI: Eerdmans, 2006), 92-93; James K. Hoffmeier, *The Archaeology of the Bible*, 87-88.
[95] Sheler, *Is the Bible True?*, 98.

inicios legendarios y fabulosos del conflicto con los filisteos".[96] Sin embargo, una vez más la pala del arqueólogo ha lanzado barro a los rostros de los críticos.

Las excavaciones arqueológicas en las ciudades filisteas de Asdod, Ecrón, Ascalón y, más recientemente, Gat, han desenterrado un auténtico tesoro de información que confirma el retrato que hace la Biblia de ellas, incluyendo evidencias de que los filisteos eran expertos en metalurgia, como dice 1 Samuel 13:19-22.[97]

LA CIVILIZACIÓN HITITA

El pueblo de los hititas o heteos se menciona muchas veces en el Antiguo Testamento (Éxodo 33:2). La Biblia nos dice que compraron carros y caballos a Salomón (1 Reyes 10:29). El esposo de Betsabé, Urías, era hitita (2 Samuel 11:3). A pesar de estas y otras referencias a los hititas, muchos académicos del siglo XIX "se burlaban de la idea de que existiera semejante pueblo, o que se hablase en algún momento ese idioma".[98] Usaban la "leyenda" de los hititas como evidencia contra la inspiración de las Escrituras, rechazando las referencias que hace la Biblia a ellos como algo "insostenible históricamente".[99] Esto ha cambiado. Hoy día no podemos encontrar un historiador respetado que dude de la existencia de ese pueblo que durante un tiempo fue "mitológico".

En la Turquía moderna se ha localizado y excavado la ciudad de **Hattusa**, el nombre de la antigua capital del reino **hitita**. Los hallazgos en ese yacimiento incluyen los muros de

---

[96] Robert Henry Pfeiffer, *Introduction to the Old Testament* (Nueva York, NY: Harper, 1948), edición revisada, 342.
[97] Sheler, *Is the Bible True?*, 98.
[98] Wight, *Highlights of Archaeology in Bible Lands*, 92.
[99] Unger, *Famous Archaeological Discoveries*, 20.

Bajorrelieve hitita en el Museo de las Civilizaciones de Anatolia, en Ankara, Turquía. Recuadro: Ruinas de Hattusa.

la ciudad, templos, almacenes, esculturas, sellos reales y miles de tablillas de arcilla que nos hablan sobre el ejército, las leyes y la religión de los hititas. La universidad de Chicago ha publicado incluso un diccionario hitita.[100] Estos descubrimientos acaban con todas las dudas respecto a la existencia real del pueblo hitita, que sostiene la Biblia.

NÍNIVE

El libro de Jonás del Antiguo Testamento nos dice que Dios ordenó a Jonás que fuera a una ciudad llamada **Nínive** (Jonás 1:2). Debía transmitir un mensaje de juicio inminente ("Dentro de cuarenta días Nínive será destruida", Jonás 3:4),

---

[100] Ver http://oi.uchicago.edu/research/projects/hit/.

Relieve hallado en Nínive, que representa una cacería de leones. Expuesto en el Museo Británico de Londres.

porque aquel pueblo era extremadamente malvado. El pueblo se arrepintió (Jonás 3:10), y Dios aplazó la destrucción de la ciudad al menos unos 150 años.[101]

¿Fue Nínive una ciudad legendaria, solo una parte de "un cuento de un gran pez"? Algunos pensaron que sí hasta que Austen Henry Layard la desenterró en 1847. La ciudad, que había sido capital de Asiria, ya se ha excavado mucho. Se han encontrado restos de sus murallas,[102] templos, palacios,[103] biblioteca, fosos y defensas que sobreviven en la orilla oriental

[101] John D. Hannah, "Jonah", en John F. Walvoord y Roy B. Zuck (editores generales), *The Bible Knowledge Commentary: An Exposition of the Scriptures by Dallas Seminary Faculty: Old Testament* (Colorado Springs, CO: ChariotVictor, 1985), 1470. En la misma página, Hannah también comenta: "Es evidente que aquel pueblo volvió a caer en el pecado, de modo que más tarde la ciudad fue destruida, en el año 612 a. C. (ver el libro de Nahum)".

[102] John Elder informa que los muros tenían un grosor de casi 10 metros, y una altura de 23, y estaban rodeados por un foso de 23,5 m de ancho (*Prophets, Idols and Diggers*, 26).

[103] Incluyendo el palacio de Senaquerib, que reinó entre los años 705 y 681 a. C. , y cuyo asedio de Jerusalén se describe en 2 Reyes 18–19.

del río Tigris, frente a la ciudad moderna de Mosul, en Irak.[104]

El Museo Británico de Londres tiene toda una sección dedicada a los relieves y las esculturas que se encontraron en Nínive.

Una de las críticas que han suscitado los detractores de la Biblia sobre la fiabilidad del libro de Jonás se centra en el súbito arrepentimiento de los ninivitas. A los críticos les parece exagerado que un pueblo se arrepintiera tan rápidamente gracias a la predicación de

"Jonás predicando a los ninivitas", de Gustave Doré.

un solo hombre. El Dr. John Hannah, profesor de teología histórica en el Seminario Teológico de Dallas, comenta que: "Sin embargo, esto niega la obra sobrenatural del Espíritu Santo. Si Jonás hubiera ido a la ciudad durante el reinado del rey asirio Asurdán III (772-754 a. C.), el profeta habría encontrado la ciudad preparada psicológicamente para su mensaje, debido a dos hambrunas que presagiaban un desastre (en 765 y 759) y a un eclipse solar el 15 de junio de 763. Las personas de aquellos tiempos a menudo interpretaban esos acontecimientos como indicadores de la ira divina".[105]

EL TÚNEL DE EZEQUÍAS

La Biblia nos habla de un túnel que fue construido por orden de Ezequías, el rey de Judá, a finales del siglo VIII a. C., para llevar en secreto el agua de la fuente de Gihón, situada fuera de la muralla principal de Jerusalén, hasta la ciudad, donde los habitantes podrían disponer de agua durante el

---

[104] Unger, *Archaeology and the Old Testament*, 263.
[105] Walvoord y Zuck, *Bible Knowledge Commentary*, 1463-1464.

asedio de algún enemigo (2 Reyes 20:20; 2 Crónicas 32:30). Este **túnel**, oculto durante mucho tiempo, fue descubierto en 1838. El túnel, que sigue considerándose una maravilla de la ingeniería, serpentea por 534 metros de roca caliza. Fue excavado por dos equipos de tuneladores, que trabajaron desde los dos extremos y se encontraron en el punto central. En ese punto medio se talló una inscripción en el muro para con-

El túnel de Ezequías en Jerusalén.

memorar su finalización. Hoy día se puede caminar por este túnel, aunque no se lo recomiendo si es usted claustrofóbico. El túnel tiene una altura media de 1,8 metros, y el agua sigue fluyendo por él, con una profundidad media de entre 60 y 90 centímetros.

SARGÓN, REY DE ASIRIA

Sargón fue el rey de Asiria del año 721 a. C. hasta su muerte en 705 a. C. Se le menciona en Isaías 20:1. Fue uno de los reyes responsables de la caída del reino del norte, Israel, y de la deportación de los judíos a Asiria. Los críticos de la

Izquierda: retrato de Sargón (a la derecha), hallado en el muro del palacio de Sargón. Derecha: Esta escultura colosal de un toro alado fue tallada en un único bloque de piedra, y pesa unas 40 toneladas. Fue uno de los dos que guardaban la entrada a la sala del trono del palacio del rey Sargón.

Biblia dudaban que Sargón fuera un personaje real, como dice la Biblia, porque fuera de sus páginas no habían encontrado ninguna mención de su persona.[106]

Su escepticismo llegó a un final abrupto cuando se descubrió un inmenso palacio propiedad del rey Sargón. El arqueólogo Dr. Bryant Wood escribe: "Irónicamente, Sargón era el primer nombre de un rey asirio que se leyó en una serie de inscripciones asirias cuando, en 1847, se excavó en Khorsabad su gigantesco palacio, de más de 200 habitaciones y 30 patios, con esculturas en relieve y registros escritos".[107]

Las excavaciones posteriores descubrieron los registros históricos reales y varias toneladas de **esculturas** y relieves en

---

[106] Alan Millard, *Treasures from Bible Times* (Belleville, MI: Lion, 1985), 19.
[107] Bryant Wood, "Iraq and the Bible", 15 de septiembre de 2005, http://www.biblearcheology.org/post/2005/09/15/Iraq-and-the-Bible.aspx, consultada el 21 de noviembre de 2010.

Ruinas excavadas de la antigua Babilonia, en Irak.

las paredes. Puede contemplarlas en el Louvre de París, en el
museo del Instituto Oriental de la universidad de Chicago y en
el Museo Británico de Londres.

NABUCODONOSOR Y BABILONIA

En la Biblia se nos dice que los babilonios atacaron el reino
del sur, Judá (605 a. C.), asediaron la ciudad de Jerusalén y llevaron a muchos de los judíos cautivos a la ciudad de Babilonia,
en el Irak moderno (2 Reyes 24, Daniel 1). Según la Biblia, este
grupo de cautivos incluía a Daniel, Ananías, Misael y Azarías
(estos tres últimos conocidos por los nombres que les pusieron mientras eran prisioneros: Sadrac, Mesac y Abed-nego).
Fue allí, en Babilonia, donde Daniel fue librado del foso de los
leones y donde Ananías, Misael y Azarías fueron salvados del
horno de fuego, tras desobedecer el mandato del rey Nabucodonosor de inclinarse ante su imagen de oro. ¿Fue Babilonia
una ciudad legendaria? ¿Fue Nabucodonosor un personaje mitológico? El relato que hacen las Escrituras del asedio babilonio
de Jerusalén, ¿es una invención? No.

Uno de los millones de ladrillos que se hallaron en las ruinas de la antigua Babilonia, que lleva una inscripción que menciona al rey Nabucodonosor.

Hoy día, a 40 km al sur de Bagdad, se pueden ver las **ruinas excavadas de Babilonia**. Los arqueólogos han desenterrado las ruinas de los palacios, los templos dedicados al dios Marduk, las murallas de la ciudad, casas, recipientes, sartenes, objetos de metal, figuras talladas en piedra, inscripciones cuneiformes e incluso retratos del propio Nabucodonosor, casi todas estas cosas pertenecientes a la época en que gobernó este rey.[108] Algunos de los casi 15 millones de **ladrillos cocidos**

---

[108] Unger, *Archaeology and the Old Testament*, 16. Para ver una imagen de Nabucodonosor, véase: http://www.schoyencollection.com/history Babylonian.html#2063.

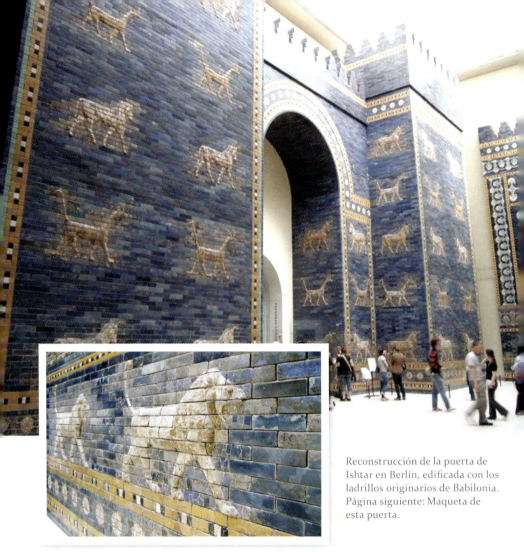

Reconstrucción de la puerta de Ishtar en Berlín, edificada con los ladrillos originarios de Babilonia. Página siguiente: Maqueta de esta puerta.

usados en la construcción de los edificios administrativos llevan la inscripción: "**Nabucodonosor**, rey de Babilonia… hijo mayor de Nabopolasar, rey de Babilonia".[109]

El Museo de Pérgamo de Berlín alberga una reconstrucción de la **puerta de Ishtar**, uno de los portales gigantescos y profu-

---

[109] Holden, "The Babylon of Nebuchadnezzar II", *Apologetics Study Bible for Students*, 898.

samente decorados que permitían el acceso a la antigua ciudad de Babilonia. Este portal tiene una altura de 14 metros y fue reconstruido con los **azulejos azules** que fueron excavados en la antigua ciudad.

Esa ciudad de la antigüedad no solo ha sido descubierta y excavada, sino que en ella se han desenterrado miles de antiguas tabletas de arcilla que contienen una tremenda cantidad de información sobre la historia de la ciudad. Se las conoce como las tablillas **de las Crónicas de Babilonia**, y sorprendentemente nos hablan del asedio de Jerusalén descrito en 2 Reyes 24 y en Daniel 1. Una de las tablillas, que se conserva en el Museo Británico, tiene grabado:

> En el séptimo año, en el mes de Kislev, el rey babilonio [Nabucodonosor] reunió a su ejército y, tras marchar a la tierra de Hatti [Siria-Palestina], asedió la ciudad de Judá [Jerusalén], y en el día segundo del mes de Adar tomó la ciudad y capturó al rey [Joaquín]. Entonces nombró a un rey elegido por él [Sedequías], recibió su oneroso tributo y los envió a Babilonia.

Este extracto de las Crónicas de Babilonia se lee como si fuera un pasaje extraído de la Biblia.[110]

---

[110] Para un excelente comentario sobre el libro de Daniel, recomiendo el libro de John F. Walvoord *Daniel: The Key to Prophetic Revelation* (Moody, 1989).

EL HORNO BABILÓNICO PARA LOS BLASFEMOS

En Daniel 3 leemos el episodio en que Ananías, Misael y Azarías fueron arrojados en un horno ardiente por desobedecer el mandato de "inclinarse rostro en tierra y rendir culto a la estatua de oro" que levantó Nabucodonosor (Daniel 3:5). Por supuesto, si usted ha leído el relato, sabe que Dios protegió milagrosamente a aquellos muchachos cuando pasaron por las llamas. ¿Es verdad que los babilonios arrojaban a las personas a hornos ardientes? La arqueología ha contribuido a verificar que sí lo hacían.

Se ha descubierto un gran horno en Babilonia con inscripciones donde se lee que aquellos que se negaran a adorar a los dioses babilónicos eran incinerados.[111] Harold Willmington, profesor en la Liberty University de Virginia, escribe:

> Los primeros excavadores en Babilonia recuperaron un edificio con una forma peculiar, que al principio les pareció un horno para cocer cerámica hecho de ladrillo. Encontraron una inscripción que especificaba el propósito de aquel edificio, y decía lo siguiente: "Este es el lugar donde los hombres que blasfemaban contra los dioses de Caldea morían por fuego".[112]

No hay indicación alguna de que este fuera el horno en el que fueron arrojados los tres hebreos y del que fueron rescatados (Daniel 3:26), pero este hallazgo demuestra que el relato de Daniel es coherente con las antiguas prácticas babilónicas.

---

[111] Morris, *Science and the Bible*, 103.
[112] Willmington, "The Great Statue and Fiery Furnace of Nebuchadnezzar (Daniel 3)", *Willmington's Guide to the Bible*, 964.

Izquierda: El "cilindro de Ciro" es una pieza de arcilla encontrada en Babilonia en 1879, que menciona a Ciro, el poderoso rey de Persia, que emitió el decreto que permitió a los judíos regresar a su tierra tras el largo periodo de cautividad en Babilonia (2 Crónicas 36:22-23; Esdras 1:1-4). El cilindro también documenta la caída de Babilonia, mencionada en el libro de Daniel 5–6. Derecha: "El banquete de Belsasar", de Rembrandt, óleo sobre lienzo (c. 1636-1638).

Otras excavaciones en Babilonia han desenterrado un edificio con una inscripción que indica su uso: la instrucción de los príncipes y nobles cautivos sobre las costumbres de los caldeos. Esto contribuye a verificar que el trato benévolo que recibieron Daniel y sus tres amigos (Daniel 1:4, 9) no era ajeno a la política de Babilonia, como en cierto momento afirmaron los críticos.[113]

BELSASAR

El libro de Daniel registra para nosotros las últimas horas del imperio babilonio, antes de que cayera en manos de medos y persas (539 a. C.). Leemos que:

---

[113] Morris, *Science and the Bible*, 103.

Muchos años después, el rey Belsasar ofreció un gran banquete a mil de sus nobles y bebió vino con ellos. Mientras Belsasar bebía, mandó traer las copas de oro y plata que su antecesor, Nabucodonosor, había sacado del templo de Jerusalén. Quería beber en ellas con sus nobles, sus esposas y sus concubinas (Daniel 5:1-2).

Poco después de esto, Belsasar vio una mano humana que escribía un mensaje misterioso en la pared, mensaje que nadie pudo interpretar. Después de llamar a Daniel para que interpretase aquellas palabras, este ofreció a Belsasar su significado:

Oh Belsasar… usted desafió con soberbia al Señor del cielo y mandó traer ante usted estas copas que pertenecían al templo. Usted, sus nobles, sus esposas y sus concubinas estuvieron bebiendo vino en estas copas mientras rendían culto a dioses de plata, oro, bronce, hierro, madera y piedra, dioses que no pueden ver ni oír, ni saben absolutamente nada. ¡Pero usted no honró al Dios que le da el aliento de vida y controla su destino! Así que Dios envió esa mano para escribir el mensaje… Y el significado de las palabras es el siguiente… Dios ha contado los días de su reinado y le ha puesto fin… usted ha sido pesado en la balanza y no dio la medida… su reino ha sido dividido y dado a los medos y a los persas (Daniel 5:22-28).

Aquella misma noche Belsasar murió asesinado (v. 30), y la ciudad de Babilonia cayó en poder de los medos y los persas.

Este pasaje de las Escrituras fue, durante mucho tiempo, el blanco de los ataques de los críticos. Consideraban que la referencia de Daniel a Belsasar era "una pura invención"[114] y "una pifia histórica".[115] ¿Por qué? El nombre Belsasar no se había encontrado en ninguna parte fuera de la Biblia, y los historiadores antiguos Beroso el Caldeo y Alejandro Polihistor dijeron que el último rey del imperio babilonio fue un hombre llamado Nabónides.[116]

De modo que los críticos parecían gente muy sabia al pontificar que el autor del libro de Daniel, como no conocía el verdadero nombre del rey y escribió mucho después de la caída de Babilonia, se inventó el nombre Belsasar. Además, parecía que tenían razón. Pero, como dijo el difunto Dr. James Montgomery Boice:

> Si usted quiere parecer muy sabio ante los ojos del mundo y está dispuesto a correr el riesgo de parecer muy tonto al cabo de unos años, puede labrarse una reputación señalando los "errores" de la Biblia… Pero tales cosas tienden a explicarse. A medida que pasa el tiempo y se acumulan los datos de la arqueología, las investigaciones históricas, la numismática y otras disciplinas, esos supuestos "errores" tienden a explotarles en la cara a quienes los alegaron.[117]

¡Y vaya si explotan! Lo hicieron en este caso cuando se descubrieron las tablillas de las **Crónicas de Babilonia**. Estas nos

---

[114] Free, *Archaeology and Bible History*, 201.

[115] Hoffmeier, *The Archaeology of the Bible*, 119.

[116] Ibíd. y Free, *Archaeology and Bible History*, 201.

[117] James Montgomery Boice, *Daniel: An Expositional Commentary* (Grand Rapids, MI: Baker, 2003), 60.

Cilindro que contiene la oración de Nabónides, donde menciona a su hijo Belsasar.

Crónica de Babilonia 7, conocida como la Crónica de Nabónides.

dicen que, cuando el rey Nabónides partió para pasar unos años en el oasis árabe de Tema, a unos 725 km de Babilonia (situado en la Arabia Saudí moderna), puso el gobierno de Babilonia en las manos de Belsasar, su hijo mayor.[118] ¡Belsasar! ¡Vaya, quién lo iba a decir! ¡Daniel *tenía* razón!

El nombre de Belsasar también figura en un **cilindro** de arcilla (arriba) encontrado en Ur, al sur de Irak. El cilindro contiene una oración del rey Nabónides, en la que pide al dios de la luna "Sin" por su hijo, "Belsasar, el mayor de mis descendientes".[119]

---

[118] Casi todos los libros que menciono en mis notas a pie de página analizan la evidencia arqueológica que rodea a Belsasar.

[119] Hoffmeier, *The Archaeology of the Bible*, 119.

Por tanto, hoy día no hay ninguna duda de que Belsasar fue una persona real, y co-gobernante junto a su padre la noche en que cayó Babilonia.[120]

Pero en el libro de Daniel parece que existe otro problema, concretamente en el capítulo 5. El pasaje habla de Nabucodonosor como "padre" de Belsasar (5:2, 11, 13, 18), no de Nabónides. Clyde Fant, Mitchell Reddish y otros críticos han subrayado este presunto error.[121] Pero los críticos han pasado algo por alto. El término "padre" en arameo (el lenguaje en el que fue escrito Daniel[122]), como sucede también en hebreo, puede significar "antepasado" o "predecesor".[123] El Dr. Lawrence Richards señala correctamente que:

> El término se usa a menudo en las genealogías, para señalar a un individuo que puede tratarse de un antepasado lejano. "Padre" se usaba también en los tiempos bíblicos con el sentido de "predecesor" en el trono real. Incluso un suplantador como Jehú, que asesinó a la familia de Acab para dar comienzo a su propia dinastía, figura en los registros históricos asirios como "hijo de Omri", el fundador del linaje real anterior. [Otra] consideración es que, frecuentemente, un rey como Belsasar se casaba con una hija del linaje fundador, y en este sentido era "hijo" del "padre".[124]

---

[120] El hecho de que Nabónides, o Nabónido, y Belsasar ocuparan los dos puestos más altos de Babilonia puede explicar por qué Belsasar ofreció el *tercer* lugar del reino (y no el segundo) a cualquiera que fuese capaz de interpretar la escritura en la pared (Daniel 5:7, 29).

[121] Fant y Reddish, *Lost Treasures of the Bible*, 234.

[122] El libro de Daniel fue escrito en dos idiomas: 1:1–2:4a y los capítulos 8–12 están en hebreo, y 2:4b–7:28 en arameo.

[123] *The ESV Study Bible*, ver notas sobre Daniel 5:1.

[124] Lawrence O. Richards, *The 365 Day Devotional Commentary* (Cook Communications, 1990), 19 de junio, Daniel 5:1, recuperado con el software QuickVerse (versión 2.0.2).

Por lo tanto, tras investigar un poco en los lenguajes originarios y considerar cómo se usaba el término "padre" en el mundo antiguo, se evapora otro problema aparente. Los críticos tendrán que apuntar a otra parte sus cañones averiados.

EL FOSO BABILÓNICO PARA LAS BESTIAS SALVAJES

Durante mucho tiempo, el relato de Daniel en el que es arrojado a un foso lleno de leones, en el capítulo 6 de su libro, por desobedecer la ley restrictiva de la oración que promulgó el rey, fue clasificado de "leyenda, no historia".[125] Fred Wight explica cómo ha cambiado esta situación:

> Los excavadores han demostrado que en aquellos tiempos remotos ese castigo se infligía a menudo. Un día, un excavador llamado Dieulafoy trabajaba entre las ruinas de Babilonia cuando cayó en lo que parecía un pozo. Sus compañeros lo rescataron, y más tarde tuvieron que plantearse cuál era la función de aquel lugar. En el pretil del foso encontraron una inscripción que decía: "El Lugar de Ejecución, donde los hombres que airaban al rey morían despedazados por animales salvajes".[126]

Wight menciona también otros descubrimientos de fosos para leones:

> Cuando se estaba excavando el palacio de Shushan [también conocida como Susa, una ciudad mencionada

---

[125] Wight, *Highlights of Archaeology in Bible Lands*, 67.
[126] Ibíd., 67-68; las mayúsculas figuran en el original.

El relato de Daniel en el foso de los leones (Daniel 6) fue tachado de leyenda por los críticos durante mucho tiempo. Derecha: "Daniel en el foso de los leones", de Gustave Doré.

en los libros de Nehemías, Ester y Daniel], se encontró un listado de nombres de 484 hombres de alto rango que habían muerto en un foso de leones. Una inscripción del rey asirio Asurbanipal señala que en su época estaba de moda la misma costumbre: "El resto de las personas que se habían rebelado fueron arrojadas vivas entre toros y leones, como solía hacer Senaquerib [rey de Asiria (2 Reyes 18:13)], mi abuelo. He aquí que siguiendo sus pasos arrojé a esos hombres en medio de ellos".[127]

---

[127] Ibíd.

Una de las cuevas de Qumrán donde se encontraron los manuscritos del mar Muerto.

LOS MANUSCRITOS DEL MAR MUERTO

Uno de los retos más frecuentes a los que se enfrentan los cristianos cuando se habla de la fiabilidad de la Biblia tiene que ver con si disponemos o no de copias fiables de los libros originales de las Escrituras (conocidos como *autógrafos*), escritos por sus autores. Los críticos de la Biblia dicen que la Biblia se ha cambiado y se ha trastocado tantas veces con el paso de los siglos que no podemos confiar en su precisión, aunque la *tuviera* hace mucho tiempo.

Pues bien, la evidencia escrita demuestra otra cosa.[128] Un manuscrito es cualquier ejemplar escrito de un documento antiguo, anterior a la invención de la imprenta de Gutenberg en torno a 1455 y que haya sobrevivido al paso del tiempo. Miles de manuscritos supervivientes tanto del Antiguo como del Nuevo Testamento han permitido que los críticos de textos y los eruditos bíblicos comprueben que disponemos de copias precisas de la Biblia. Algunos de los manuscritos del Antiguo Testamento, los hallados en **Qumrán**, son anteriores a la época de Cristo.

El rollo de los Salmos que se encontró en Qumrán en 1956.

Qumrán está situado a 20 km al este de Jerusalén, justo al noroeste del mar Muerto. Fue allí donde, en 1947, un joven pastor que cuidaba el rebaño de su padre hizo un descubrimiento asombroso mientras buscaba una cabra perdida. Lanzó una piedra a una cueva y escuchó el sonido de un recipiente que se rompía. Como sintió curiosidad, entró en la cueva y encontró una colección de grandes vasijas que contenían manuscritos cuidadosamente envueltos en cuero. Lo que había descubierto aquel niño árabe de doce años era una colección antigua de copias manuscritas del Antiguo Testamento.

---

[128] Para una respuesta exhaustiva a este reto, visite AlwaysBeReady.com. Tenemos muchos artículos y libros en inglés sobre este tema en las secciones "Bart Ehrman" y "Bible Difficulties" y en español http://www. alwaysbeready.com/index.php?option=com_content&view=article&id= 171&Itemid=139.

Ruinas en Qumrán, Israel.

Alguien, probablemente los esenios, una secta judía que vivió en Qumrán hace dos mil años, había ocultado esos rollos en once cuevas distintas.

Después de que los arqueólogos pasaran años examinando las cuevas circundantes, se encontraron copias de todos los libros del Antiguo Testamento (con la excepción del de Ester). En algunos casos había varias copias del mismo libro. Por ejemplo, había 19 ejemplares del libro de Isaías, 25 de Deuteronomio y 30 de los Salmos.[129] ¡Fue un descubrimiento realmente sorprendente!

Algunos de esos rollos databan de un momento tan temprano como el siglo III a. C.[130] Los académicos determinaron la edad de los rollos mediante el examen de las vasijas que albergaban los manuscritos, la trama y el patrón del soporte donde estaban escritos, la forma de los caracteres hebreos, la grafía

---

[129] Mark Water, *Encyclopedia of Bible Facts* (Chattanooga, TN: AMG, 2004), 138.
[130] Kaiser, *The Old Testament Documents*, 41.

de las palabras y las monedas halladas junto a los manuscritos. Se trataba de varios cientos de monedas, encontradas con los rollos, que se acuñaron entre los años 135 a. C. y 68 d. C.[131]

Muchos de los **manuscritos del mar Muerto** se encuentran en unas instalaciones especiales en el Museo de Israel en Jerusalén, llamadas el Santuario del Libro. Yo he estado en ese lugar y he visto algunos de esos rollos. Son impresionantes, sobre

Eusebio (c. 263-339) fue el autor de la primera historia completa de la iglesia primitiva.

todo cuando uno piensa en su antigüedad y en la importancia de su descubrimiento.

Los manuscritos del mar Muerto, junto con miles de otras copias manuscritas de la Biblia, no demuestran que la Biblia sea precisa *en cuanto a los datos que contiene*, pero sí que la Biblia de la que disponemos hoy es una representación fidedigna y precisa de la Biblia que citó Jesús y que usó la iglesia primitiva.[132]

---

[131] Para más información sobre la datación de los manuscritos del mar Muerto, ver Norman L. Geisler y William E. Nix, *A General Introduction to the Bible* (Chicago, IL: Moody, 1986), edición revisada y aumentada, 365; Edwin Yamauchi, *The Stones and the Scriptures*, 129; Walter Kaiser, *The Old Testament Documents*, 40-41.

[132] Para más ayuda sobre cómo se transmitió el texto bíblico a través de los siglos, y si se hizo con precisión o no, ver: Timothy Paul Jones, *Misquoting Truth: A Guide to the Fallacies of Bart Ehrman's* Misquoting Jesus (Downers Grove, IL: InterVarsity, 2007); F. F. Bruce, *Los manuscritos del mar Muerto* (Barcelona: Clie, 2011); Norman L. Geisler y William E. Nix, *From God to us: How We Got Our Bible* (Chicago, IL: Moody, 1974); Walter

Ahora bien, incluso si no dispusiéramos de ejemplares manuscritos de la Biblia, hay otro modo de verificar que el texto nos ha llegado con precisión, y consiste en examinar los escritos de los Padres de la Iglesia. Con esta expresión me refiero a los líderes de la Iglesia durante los tres primeros siglos posteriores a los discípulos originarios: hombres como Justino Mártir, **Eusebio**, Tertuliano y Policarpo. Los Padres de la Iglesia preservaron la Biblia para nosotros al citarla en sus sermones, sus comentarios de la Biblia, la correspondencia de unos con otros y sus cartas dirigidas a diversas iglesias. En lo que respecta al Nuevo Testamento, ¡lo citaron más de 86.000 veces![133] Y sus escritos sobreviven hasta nuestros tiempos. Hoy día usted puede acudir a Amazon.com y adquirir una serie enciclopédica de los escritos de los Padres de la Iglesia (38 volúmenes), y ver sus numerosas citas tanto del Antiguo como del Nuevo Testamento.

Hay tantas citas de los Padres de la Iglesia primitiva que, incluso si no tuviéramos ni un solo ejemplar manuscrito de la Biblia, los académicos podrían reconstruir la mayor parte del Nuevo Testamento que tenemos hoy día… ¡solo a partir de sus escritos![134]

C. Kaiser, *The Old Testament Documents: Are They Reliable & Relevant?* (Downers Grove, IL: InterVarsity, 2001).

[133] Ron Rhodes, *Answering the Objections of Atheists, Agnostics, & Skeptics* (Eugene, OR: Harvest House, 2006), 140.

[134] Geisler y Nix, *A General Introduction to the Bible*, 430.

Los hallazgos del Nuevo Testamento

Arriba: Ruinas del Herodión, uno de los grandes palacios que levantó Herodes en las cimas de diversos montes.
Abajo: Osario del sumo sacerdote Caifás.

Ruinas de la sinagoga de Capernaúm, en
la orilla noroeste del mar de Galilea.

Hasta ahora, hemos hablado en este libro de los descubrimientos arqueológicos que tienen incidencia sobre la fiabilidad del Antiguo Testamento. En esta sección abordaremos algunos de los descubrimientos fascinantes que hablan de personas, lugares y sucesos de la era neotestamentaria. El primero tiene que ver con Herodes el Grande.

HERODES EL GRANDE

La Biblia nos cuenta que Herodes fue rey en Israel en la época en que nació Jesús, y que intentó asesinarlo poco después de su nacimiento (Mateo 2:1-16). ¿Fue Herodes un personaje legendario? No. Aparte del hecho de que el historiador

Masada, el palacio de Herodes el
Grande situado en un acantilado, en
la orilla suroeste del mar Muerto.

Flavio Josefo, del siglo I, habló de él, hay muchas evidencias
arqueológicas que han confirmado su existencia.

Un fragmento de un cántaro de vino que data del 19 a. C.
se encontró en **Masada**, el palacio-fortaleza de Herodes, en lo
alto de un acantilado que se yergue sobre el mar Muerto. Una
inscripción en ese cántaro incluye una referencia a Herodes. El
arqueólogo Ehud Netzer, de la Universidad Hebrea, dijo que
esa inscripción en latín dice: "Herodes, rey de Judea" o "Herodes, rey de los judíos".[135]

Otros de los descubrimientos incluyen **monedas** que llevan

---

[135] "Wine Jug Bears Herod's Name", *Los Angeles Times*, 9 de julio de 1996,
http://articles.latimes.com/1996-07-09/news/mn-22431_1_wine-jug,
consultada el 7 de diciembre de 2010.

Representación de unas monedas con el nombre de Herodes.

el nombre de Herodes, el palacio de Herodes en el desierto al sur de Jericó y su palacio sobre una colina al sur de Jerusalén, conocido como el **Herodión**. Según Josefo, fue en el Herodión donde enterraron a Herodes.[136] Estos hallazgos respaldan los relatos neotestamentarios, y no dejan lugar a dudas de que Herodes fue un personaje histórico.

Algunos críticos de la Biblia señalan que no parece haber evidencias históricas, aparte de la Biblia, de que Herodes masacrara a los niños de Belén, como se registra en Mateo 2:16. "Ciertamente, si hubiera pasado algo así —razonan ellos—, Josefo u otros historiadores lo habrían mencionado". No necesariamente.

En la época en que nació Jesús, Belén era una aldea pequeña y desconocida en medio de ninguna parte, al menos por lo que respecta al Imperio Romano. William F. Albright calculó que la población de Belén en la época del nacimiento de Jesús era de unas trescientas personas. Si Albright tiene razón, el número de niños varones de Belén, de dos años o menos, hubiera sido de seis o siete.[137] Entonces es fácil comprender cómo esto no llamó la atención de unos historiadores que vivían a cientos de kilómetros de distancia. Recordemos

---

[136] Flavio Josefo, *Antigüedades de los judíos*, 17:199. Los arqueólogos israelitas creen que han encontrado el sepulcro de Herodes en el Herodión. Ver "King Herod's Tomb Almost Certainly Found", 20 de noviembre de 2008, http://www.foxnews.com/story/0,2933,454927,00.html, consultada el 9 de diciembre de 2010.

[137] Gordon Franz, "The Slaughter of the Innocents: Historical Fact or Legendary Fiction?", 9 de diciembre de 2009, http://www.biblearcheology.org/post/2009/12/09/the-slaughter-of-the-innocents-historical-fact-or-legendary-fiction.aspx, consultada el 3 de diciembre de 2010.

que en el siglo I no había inventos como Twitter o la CNN. Las noticias se propagaban lentamente.

Es posible que **Josefo**, que nació unos cuarenta años más tarde del momento en que tuvieron lugar los asesinatos de Belén, no se enterase nunca de este suceso. O quizás, a la luz de todos los acontecimientos im-

"La masacre de los inocentes", de Gustave Doré.

portantes que Josefo quiso abarcar en sus *Antigüedades de los judíos*, decidió obviarlo. Lo cierto es que no nos dice nada de ese asesinato concreto. Las muertes que menciona Josefo prestan credibilidad al relato bíblico, porque nos revelan que a Herodes no le preocupaba matar a las personas para conservar su trono. Josefo nos dice que Herodes ¡mató a tres de sus propios hijos![138]

El Dr. John Sailhamer, autor del libro *Biblical Archaeology*, señala que la matanza de los niños de Belén encaja sin duda con lo que sabemos de los últimos años de Herodes:

> Hacia el final de su vida, se volvió tremendamente paranoico y temeroso de que alguien le sustituyera como rey. A la menor sospecha de que alguien conspiraba contra él, no dudó en matar a su esposa favorita, y

---

[138] Josefo, *Antigüedades*, 16:392-394; 17:182-187.

también al abuelo y a la madre de ella.[139]

Y Herodes no se detuvo ahí.

Para garantizar que el pueblo judío hiciera duelo tras su muerte, Josefo registra que Herodes "mandó que todos los hombres principales de toda la nación judía, dondequiera que viviesen", fueran detenidos poco antes de que él muriera. Entonces "ordenó que los encerrasen en el hipódromo", y "los mataran a flechazos… de modo que la matanza de todos ellos" provocara

Flavio Josefo fue un historiador del siglo I. Menciona a más de una docena de individuos de quienes se habla en el Nuevo Testamento, incluyendo a Juan el Bautista, Poncio Pilato, Herodes el Grande y Jesús.

"un duelo memorable en su funeral".[140] El deseo de Herodes no se cumplió. En lugar de eso, los prisioneros fueron liberados tras su muerte por orden de su hermana Salomé y su hermano Alexas, lo cual produjo una gran celebración entre los judíos.[141]

Al disponer de este tipo de material de fondo, no me cuesta nada pensar que Mateo nos dio una versión precisa sobre la tragedia de Belén. Si Herodes estuvo dispuesto a matar a todas esas otras personas, incluyendo a sus propios hijos, ¿qué le impediría ordenar la muerte de los hijos de otros, sobre todo si se había profetizado que uno de ellos sería rey de los judíos?[142]

---

[139] John H. Sailhamer, *Biblical Archaeology* (Grand Rapids, MI: Zondervan, 1998), edición ePub, 227-228.

[140] Josefo, *Antigüedades*, 17:174-178.

[141] Ibíd., 17:193. Algunas de estas expresiones concisas proceden de Craig S. Keener, Mateo 2:16, *IVP Bible Background Commentary, New Testament* (1993), recuperado con software QuickVerse (versión 2.0.2).

[142] Ver Mateo 2:5-6.

Por supuesto, Herodes llegó tarde para matar a Jesús. Siguiendo las instrucciones que se le dieron en un sueño, José y María tomaron al Niño y huyeron a Egipto (Mateo 2:13).[143]

EL PALACIO DE HERODES, DONDE FUE EJECUTADO JUAN EL BAUTISTA

La Biblia nos dice que el hijo de Herodes el Grande, llamado Herodes Antipas, metió a Juan el Bautista en la cárcel por condenar la relación adúltera que Herodes Antipas mantenía con la esposa de su hermano (Mateo 14:1-5). Un tiempo más tarde un verdugo decapitó a Juan (14:10). Flavio Josefo habla de esto en sus *Antigüedades de los judíos*. Escribe:

> Juan, que era llamado el Bautista... era un buen hombre, y ordenaba a los judíos que fueran virtuosos, tanto en el sentido de ser justos los unos con los otros como en el de mostrar temor a Dios, y por tanto que acudieran a bautizarse... Herodes, que temía la gran influencia que tenía Juan sobre el pueblo... le hizo prisionero e, impulsado por un sospechoso arrebato propio de Herodes, lo envió a

---

[143] Matthew Henry (1662-1714), comentarista y predicador británico, hizo un comentario interesante sobre esto: "Según todas las profecías del Antiguo Testamento, parece que Belén fue el lugar, y aquel el momento, de la natividad del Mesías; como todos los niños de Belén que nacieron en ese momento fueron asesinados, y Jesús fue el único que escapó, nadie excepto Él podía pretender ser el Mesías. Ahora Herodes pensaba que había frustrado las profecías del Antiguo Testamento, había derrotado las indicaciones de la estrella y las devociones de los hombres sabios, al librar al país de ese nuevo Rey; al quemar la colmena, había matado a la abeja reina; pero Dios en los cielos se ríe de él, se burla de sus afanes. No importan las maquinaciones astutas y crueles de los corazones humanos: el consejo del Señor siempre permanece". (Mateo 2:16, *Matthew Henry's Commentary on the New Testament*)

La fortaleza de Herodes en la cima del monte, al este del mar Muerto, donde fue encarcelado y ejecutado Juan el Bautista.

Maqueronte, la fortaleza que mencioné antes, donde fue ejecutado.[144]

Por tanto, Josefo nos demuestra que Juan el Bautista fue una persona real, y que fue ejecutado por orden de Herodes, como dice la Biblia. El castillo o palacio donde murió Juan, llamado "**Maqueronte**", se ha descubierto a unos kilómetros al este del mar Muerto, en la Jordania moderna. Maqueronte fue una de las fortalezas que Herodes el Grande tenía en la cima de los montes. En medio de este puesto militar fortificado, Herodes construyó un palacio espléndido con torres que medían 60 metros de alto, columnatas, baños, cisternas, arsenales… todo lo necesario para una vida de lujo y de defensa contra el asedio de un enemigo. Desde el palacio, situado a 1065 metros sobre el nivel del mar, Herodes disponía de una vista impresionante del mar Muerto, el río Jordán y Jerusalén.

---

[144] Josefo, *Antigüedades*, 18:116-119.

Fue en esta fortaleza donde fue ejecutado Juan el Bautista (Marcos 6:16-29).

Las ruinas de las mazmorras subterráneas donde es probable que encerrasen a Juan siguen ahí en la actualidad. Los arqueólogos han descubierto muchos puntos de las celdas en las que los prisioneros fueron encadenados a los muros.[145] Otros hallazgos interesantes incluyen

Ruinas de Maqueronte.

los restos de un majestuoso patio porticado (un área cerrada rodeada por columnas) que ascendía hacia un triclinio (sala de banquetes) ornamentado, una indicación del lujo del que se disfrutaba en aquel lugar.[146]

EL POZO DE JACOB

Juan nos dice en su Evangelio que Jesús habló con una mujer samaritana en un lugar conocido como **el pozo de Jacob** (Juan 4:1-6). El pozo aún puede verse hoy día en una iglesia ortodoxa griega, en la ciudad de Nablus, Israel. El pozo, que tiene

---

[145] John MacArthur, Jr., comentarios sobre Mateo 14:3-11, *The MacArthur New Testament Commentary* (Chicago, IL: Moody, 1983-2002), recuperado con software PC Study Bible (versión 4.2E).

[146] Wilkins, *Zondervan Illustrated Bible Backgrounds Commentary*, 89-90.

Arriba: Ruinas del estanque llamado *Betesda*, en Jerusalén. Recuadro: Maqueta del estanque originario.

un diámetro de unos 2,7 metros y una profundidad de unos 23, sigue ofreciendo agua de manantial fresca.[147] Fuera de la iglesia se ven los dos montes gemelos de Ebal y de Gerizim. La mujer señaló este último como el lugar sagrado de adoración para los samaritanos (Juan 4:20).[148]

EL ESTANQUE DE BETESDA

El apóstol Juan nos dice que en Jerusalén había un estanque llamado *Betesda*, que tenía cinco porches (columnatas

---

[147] John McRay, *Archaeology & the New Testament* (Grand Rapids, MI: Baker, 2008), 181.
[148] Yamauchi, *The Stones and the Scriptures*, 103.

105

cubiertas), que era un punto de reunión para los enfermos, ciegos, cojos y discapacitados, que esperaban beneficiarse de sus aguas curativas (Juan 5:1-9). En el Evangelio de Juan leemos que fue en este estanque donde Jesús sanó a un hombre que había sido cojo durante 38 años. Jesús le dijo: "¡Ponte de pie, toma tu camilla y anda!" (Juan 5:8). ¿Es que Juan adornó su relato incorporándole detalles mitológicos cuando habló de un estanque con cinco porches?

John McRay, arqueólogo veterano, dice: "Durante mucho tiempo hubo quien citó esto como ejemplo de que Juan era inexacto, porque no se había encontrado un lugar así".[149] El crítico francés Alfred Loisy dijo que la referencia de Juan a cinco porches fue una alteración literaria o una adición destinada a representar los cinco libros de la ley que Jesús vino a cumplir.[150] Esas críticas se detuvieron entre chirridos de frenos cuando se descubrió el estanque a unos 100 metros al norte del muro norte del monte del templo en Jerusalén, enterrado bajo siglos de escombros.

No solo se descubrió el estanque, sino que las excavaciones arqueológicas realizadas entre 1914 y 1938 revelaron que disponía de cinco porches (cuatro de ellos en el perímetro y uno situado en el centro, dividiendo en dos el estanque, un total de cinco), ¡exactamente como dijo Juan!

---

[149] De una entrevista con Lee Strobel en *The Case for Christ* (Grand Rapids, MI: Zondervan, 1998), 98.

[150] Timothy McGrew y Lydia McGrew, "The Argument from Miracles: A Cumulative Case for the Resurrection of Jesus of Nazareth", en William Lane Craig y James Porter Moreland (eds.), *The Blackwell Companion to Natural Theology* (Chichester, Inglaterra: Blackwell Publishing, 2009), 600.

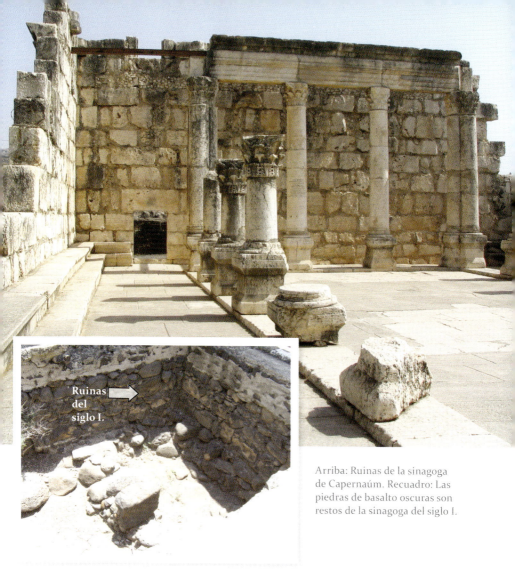

Ruinas del siglo I.

Arriba: Ruinas de la sinagoga de Capernaúm. Recuadro: Las piedras de basalto oscuras son restos de la sinagoga del siglo I.

LA SINAGOGA DE CAPERNAÚM

La Biblia nos dice que la ciudad de Capernaúm, situada en la orilla noroeste del mar de Galilea, fue el lugar donde vivió Jesús después del tiempo que pasó en Nazaret (Mateo 4:13). Fue también donde realizó muchos milagros, y a menudo enseñó en la sinagoga local (Marcos 1:21, 3:1; Lucas 4:31-38; Juan 6:59). Después de estar deshabitada durante casi mil años, Capernaúm fue redescubierta en 1838 por el erudito estadounidense Edward Robinson.[151] Desde entonces, las excavaciones arqueológicas en Capernaúm han localizado las ruinas de la **sinagoga** de la que se habla en los Evangelios. Aunque los restos de la sinagoga que aún están en pie se remontan al siglo IV d. C., **las piedras basálticas** de la sinagoga del siglo I aún se pueden ver por debajo de las adiciones del siglo IV. Los restos de alfarería del siglo I que se encontraron junto a estas piedras de basalto no dejan dudas de que esa es la sinagoga que se menciona en los Evangelios del Nuevo Testamento.

EL ESTANQUE DE SILOÉ

El Nuevo Testamento nos habla de la ocasión en que Jesús envió a un ciego a que se lavara los ojos en un estanque llamado **de Siloé** (Juan 9:1-11). El hombre obedeció y, cuando lo hizo, sus ojos fueron sanados milagrosamente. Algunos estudiosos habían dicho que el estanque de Siloé nunca existió.[152] Pero una vez más la Biblia demostró estar mejor informada que sus críticos.

En agosto de 2005, las agencias de noticias informaron que los obreros que estaban reparando el sistema de alcantarillado en Jerusalén desenterraron el estanque de Siloé. Esta piscina trapezoidal, con un lado que mide 70 metros, está situada al sur del monte del templo, en el valle de Cedrón. Las monedas incrustadas en el estanque, que se remontan al siglo I a. C. y al momento de la rebelión judía (c. 63 d. C.), llevaron

---

[151] Andreas J. Köstenberger, "Gospel of John", en Clinton E. Arnold (editor general), *Zondervan Illustrated Bible Backgrounds Commentary: New Testament: Volume 2* (Grand Rapids, MI: Zondervan, 2002), 70.
[152] Thomas H. Maugh II, "Biblical Pool Discovered in Jerusalem", *Los Angeles Times*, 9 de agosto de 2005, http://articles.latimes.com/2005/aug/09/science/sci-siloam9, consultada el 20 de octubre de 2010.

Ruinas del estanque de Siloé, mencionado en Juan 9:1-11.

a los eruditos a concluir que ese era, realmente, el estanque de Siloé mencionado en Juan 9.[153]

CAIFÁS

El Nuevo Testamento nos dice que el nombre del sumo sacerdote judío en la época de Jesús era Caifás (Mateo 26:3). Caifás presidió el juicio al que sometieron a Jesús de madrugada, donde Jesús confesó que era el Mesías, lo cual dio como resultado su sentencia de muerte (Mateo 26:57-68). Fue también en el patio de la casa de Caifás donde Pedro negó conocer a Jesús (Juan 18:24-27). ¿Fue Caifás un invento del Nuevo Testamento? No.

---

[153] Para más información sobre este descubrimiento, ver Hershel Shanks, "The Siloam Pool", *Biblical Archaeology Review*, septiembre/octubre 2005, 16-23.

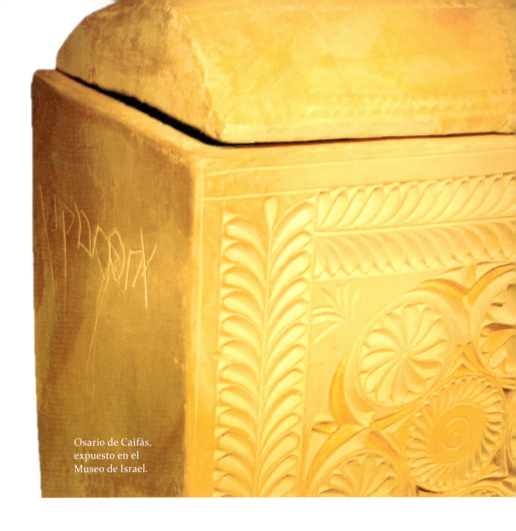

Osario de Caifás,
expuesto en el
Museo de Israel.

En 1990, una cuadrilla de obreros que construían un parque acuático aproximadamente a tres kilómetros de Jerusalén desenterraron accidentalmente una cueva sepulcral del siglo I.[154] Una excavadora atravesó por accidente el techo de la cueva. En ella se encontraron varios osarios (cajas de piedra usadas en los entierros). En uno de los **osarios**, que estaba adornado de una forma poco habitual, se leía una inscripción en arameo (ver foto) que decía "José, hijo de Caifás". Dentro del osario estaban los huesos de un hombre que, en el momento de su muerte, debía rondar los sesenta años.

---

[154] Sheler, *Is the Bible True?*, 58.

Aunque los escritores de los Evangelios y Josefo se referían al sumo sacerdote como "Caifás", Josefo nos dice que su nombre completo era "José Caifás",[155] que es exactamente el nombre grabado en el osario. Incluso los críticos de la Biblia, como John Dominic Crossan (cofundador del Jesus Seminar), admiten que:

> Su nombre [Caifás], y los de la familia enterrada junto a él, dejan claro que aquella pequeña tumba rectangular fue el lugar de reposo para la familia del sumo sacerdote Caifás, mencionado por su nombre en Mateo 26 y Juan 18 por su papel en la crucifixión. Esto constituye un vínculo directo con los relatos de los Evangelios de la ejecución de Jesús.[156]

Y la evidencia sobre Caifás no se detiene aquí.

El 29 de junio de 2011 se extendió la noticia de que la Autoridad de Antigüedades de Israel había hallado e identificado como auténtico un osario que pertenecía a un pariente de Caifás.[157] La inscripción del osario menciona a Caifás, a su hijo y a su nieta. Dice: "Miriam, hija de Yeshua hijo de Caifás, sacerdote de Maazías de Bet Imri". Fijémonos bien: el osario no solo menciona a Caifás, sino también nos dice que era sacerdote, verificando de nuevo la precisión histórica del Nuevo Testamento. ¡Fascinante!

---

[155] Josefo, *Antigüedades*, 18:35.
[156] John Dominic Crossan y Jonathan L. Reed, *Excavating Jesus: Beneath the Stones, Behind the Texts* (Nueva York, NY: HarperSanFrancisco, 2001), 2.
[157] "2,000-Year-Old Priestly Burial Box Is Real, Archaeologists Say", 20 de junio de 2011, http://www.foxnews.com/scitech/2011/06/29/israeli-scholars-confirm-authenticity-2000-year-old-burial-box-belonging-to/, consultada el 18 de octubre de 2011.

Izquierda: La losa de caliza (unos 80 x 60 cm) hallada en Cesarea, con una inscripción que menciona a Poncio Pilato. Foto de Zev Radovan.

Arriba: Jesús presentado a la multitud, en el cuadro "Ecce Homo" ("He aquí el hombre"), de Antonio Ciseri (1821-1891).

PONCIO PILATO

Los escritores del Nuevo Testamento nos dicen que Poncio Pilato era el gobernador romano de Judea en tiempos de Cristo, el cual supervisó el juicio de Jesús y le sentenció a muerte por crucifixión (Mateo 27:2; Lucas 3:1). ¿Fue una figura legendaria inventada por los autores del Nuevo Testamento? No. Josefo habló de él. El filósofo judío Filón de Alejandría lo mencionó, como lo hizo también el historiador romano Tácito. Y ahora la arqueología también ha confirmado su existencia.

En junio de 1961, un equipo de arqueólogos italianos estaba excavando en Cesarea, en la costa del hermoso mar Mediterráneo que baña Israel, a unos 72 km al noroeste de Jerusalén. Mientras limpiaban de arena y de arbustos las ruinas caóticas de un teatro romano, esos arqueólogos hicieron un descubrimiento sorprendente. Encontraron un bloque de caliza de alrededor de un metro de alto y de 70 cm de ancho que se había tumbado para usarlo como parte de un tramo de escalones durante una de las renovaciones del teatro, en el siglo IV d. C. Llevaba una inscripción en latín que databa de los años 26-36 d. C., que mencionaba a "**Poncio Pilato, prefecto de Judea**".

Esta inscripción verifica que Poncio Pilato fue un personaje histórico real, que gobernó en el cargo que le atribuyen los Evangelios y que, como prefecto, dispuso de la autoridad para condenar o perdonar a Jesús, como dicen los relatos de los Evangelios.[158]

EL TEATRO DE CESAREA

El **teatro de Cesarea**, donde se encontró la inscripción sobre Poncio Pilato, es un hallazgo interesante por sí mismo. El teatro, encargado por Herodes el Grande, es el lugar donde su nieto, Herodes Agripa I, fue atacado por una enfermedad repentina que le condujo a la muerte (Hechos 12:19-23). Lucas nos dice que Agripa, que anteriormente había mandado matar a Santiago y encarcelar a Pedro (Hechos 12:1-4), "se puso sus vestiduras reales" y "se sentó en su trono" para hablar al pueblo. Lucas nos dice que, cuando acabó su discurso,

---

[158] La redacción concisa de esta frase se adaptó de Gregory A. Boyd y Paul Rhodes Eddy, *Lord or Legend: Wrestling With The Jesus Dilemma* (Grand Rapids, MI: Baker, 2007), 139.

Arriba: Restos del teatro que ordenó construir Herodes el Grande en Cesarea. Recuadro: El teatro, con capacidad para 3500 personas, se usa hoy día para dar conciertos y otros espectáculos.

El pueblo le dio una gran ovación, gritando: "¡Es la voz de un dios, no la de un hombre!". Al instante, un ángel del Señor hirió a Herodes con una enfermedad, porque él aceptó la adoración de la gente en lugar de darle la gloria a Dios. Así que murió carcomido por gusanos (Hechos 12:21-23)

En su obra *Antigüedades de los judíos*, escrita aproximadamente en el 90 d. C., mucho después del Evangelio de Lucas, Flavio Josefo confirma la historicidad del relato de Lucas. Escribe:

Pero cuando Agripa hubo reinado tres años sobre toda Judea, vino a la ciudad de Cesarea… reunió a una gran multitud compuesta por los principales de la ciudad y demás dignatarios… se vistió con un ropaje confeccionado enteramente de plata, y de un tejido realmente maravilloso, y acudió al teatro a primera

Ruinas del palacio costero de Herodes junto al mar Mediterráneo, en Cesarea.

hora de la mañana; en ese momento, la plata de su vestidura fue iluminada por el reflejo matutino de los rayos del sol, y brilló de una manera sorprendente, resplandeciente… y entonces sus aduladores gritaron, uno desde un lugar y otro desde otro (aunque no para su bien), que era un dios… Al oírlo, el rey no los reprendió ni rechazó esa adulación sacrílega… Sintió un dolor intenso en su vientre, que le asaltó de un modo muy violento… Y cuando llevaba cinco días agotado por el dolor de su vientre abandonó esta vida, cuando contaba cincuenta y cuatro años de edad, y en el séptimo año de su reinado.[159]

Otros descubrimientos interesantes hechos en Cesarea incluyen:

- Los restos del **palacio costero** de Herodes el Grande, que también albergó a los gobernadores romanos Félix y Festo, ante los cuales declaró Pablo (Hechos 24–26).

---

[159] Josefo, *Antigüedades*, 19:343-350.

Vista hacia el norte desde las ruinas del palacio costero de Herodes, sobre las ruinas subacuáticas del puerto de Herodes. Recuadro: Vista aérea de las ruinas del puerto.

- Las ruinas del magnífico **puerto artificial** de Herodes, con sus tremendas piedras de medio metro que hacían de rompeolas. Este puerto, considerado una maravilla arquitectónica, fue desde donde zarpó Pablo (Hechos 9:30) y al punto al que regresó (Hechos 18:22; 21:8).

- Un enorme edificio público que contiene las palabras de Pablo en Romanos 13:3 escritas con piezas de mosaico en el suelo. Datan del siglo IV o V d. C., y dicen: "Los gobernantes no están para infundir terror a los que hacen lo bueno, sino a los que hacen lo malo".[160]

---

[160] Hoffmeier, *The Archaeology of the Bible*, 173.

JESUCRISTO

Una de las preguntas que más me han formulado con el paso de los años es si existen o no evidencias arqueológicas que respalden la existencia de Jesús. Hay muchas evidencias *literarias* de la vida de Jesús. Hay 39 o más fuentes extrabíblicas que le mencionan en un radio de 150 años en torno a su vida, incluyendo a los historiadores romanos Suetonio, Tácito y Josefo.[161] Por tanto, la evidencia literaria es sólida, pero ¿qué hay de piedras, monedas o inscripciones? ¿Han descubierto los arqueólogos algo que mencione a Jesús en objetos así?

Por lo que respecta a las evidencias arqueológicas que confirman la vida de Cristo, vale la pena tener en mente algo que dijo Millar Burrows:

> Si Jesús hubiera optado por la vía de la revolución para hacerse con el trono, si incluso durante un tiempo corto hubiera hecho frente a las legiones romanas y hubiera establecido un reino terrenal, podrían hallarse monedas e inscripciones que atestiguaran la tragedia de su éxito. Un predicador errante que no escribe libros, ni levanta edificios, ni establece instituciones organizadas, sino que deja a César lo que es de César, buscando solo el reino de su Padre, y que encomienda su causa a unos cuantos pescadores pobres para que la transmitan oralmente, no deja monedas que lleven su efigie ni su nombre escrito. . . Jesús no tiene otro monumento que su iglesia.[162]

---

[161] Para un enfoque excelente de la evidencia extrabíblica sobre Jesús, ver Gary Habermas, *The Historical Jesus: Ancient Evidence for the Life of Christ* (Joplin, MO: College Press Publishing Company, 1994).

[162] Burrows, *What Mean These Stones?*, 283.

Muy bien dicho. Sus seguidores son su monumento. Herodes dejó tras de sí monedas y piedras mudas y frías. Jesús dejó tras Él a personas, un movimiento humano que puede seguir actuando como sus manos y pies por todo el mundo.

Ahora bien, como no había manera de encontrar una confirmación arqueológica que mencionase a Jesús, las noticias del 5 de noviembre de 2005 provocaron un revuelo internacional. Fue el día en que los arqueólogos israelitas hicieron público un hallazgo sorprendente. En Meguido, al norte de Israel, un prisionero de una cárcel de máxima seguridad desenterró los restos de una de las iglesias cristianas más antiguas que se hayan descubierto jamás. Mientras excavaba en el patio de la cárcel, Ramil Razilo descubrió un mosaico de estilo griego, de cinco metros por diez, que llevaba una inscripción que mencionaba que aquel edificio se había levantado en memoria del "**Dios Jesucristo**".[163] Los fragmentos de alfarería y las monedas localizadas en el lugar revelaron que aquel lugar de adoración lo usaron creyentes locales y personas de un campamento romano próximo, donde estaban acantonadas dos legiones en torno al año 230 d. C.[164]

Este hallazgo no solo refuerza el hecho de que Jesús existió, sino que subraya lo que hace tiempo que sabemos: los primeros cristianos ¡creían que Jesús era Dios! Menciono esto porque hay personas, como por ejemplo Dan Brown, autor de *El código Da Vinci* o los Testigos de Jehová, que dicen que la Iglesia inventó la deidad de Cristo en algún momento del siglo IV. Este

---

[163] Artículo de Associated Press "Israeli Church a Major Discovery", 5 de noviembre de 2005, http://www.foxnews.com/story/0,2933,174772,00.html, consultada el 20 de octubre de 2010.

[164] Vassilios Tzaferis, "Inscribed To God Jesus Christ: Early Christian Prayer Hall Found in Megiddo Prison", *Biblical Archaeological Review*, http://www.bib-arch.org/online-exclusives/oldest-church-02.asp, consultada el 15 de octubre de 2010. También Robin Currie y Stephen G. Hyslop, *The Letter and the Scroll: What Archaeology Tells Us About the Bible* (Washington, D.C.: National Geographic, 200), 319.

Mosaico en un suelo de Meguido, que menciona al "Dios Jesucristo". Foto de Zev Radovan.

descubrimiento en Meguido demuestra que la creencia en la deidad de Jesús ya estaba bien fundada antes del siglo IV.[165]

LA CRUCIFIXIÓN EN EL SIGLO I

Hay diversas fuentes históricas del mundo antiguo que mencionan la práctica de la crucifixión. Heródoto, el historiador griego, describió un caso en el que Darío el Grande (522-486 a. C.) crucificó a 3000 babilonios.[166] Alejandro Magno, después de su asedio agotador y oneroso de Tiro, en Fenicia,

[165] Para evidencias adicionales de que los primeros cristianos creían en la deidad de Jesús, visite AlwaysBeReady.com y explore los artículos en nuestra sección "Deity of Christ". También hallará un análisis crítico de *El código Da Vinci* en el apartado "Da Vinci Code".
[166] Heródoto, *The Histories*, vols. 1:128.2; 3:132.2, 159.1. Esta obra es de dominio público y se puede consultar aquí: http://www.sacred-texts.com/cla/hh/index.htm.

crucificó a 2000 supervivientes.[167] Flavio Josefo nos dice que el número de personas crucificadas por los romanos era de muchos miles.[168] Josefo menciona incluso la crucifixión de Jesús cuando dice: "Ahora bien, en esa época había un hombre sabio llamado Jesús... y cuando Pilato, por sugerencia de los hombres principales entre nosotros, le condenó a la cruz...".[169]

Según la Biblia, las manos de Jesús fueron *clavadas* a la cruz (Juan 20:25). En determinado momento los críticos cuestionaron que las crucifixiones con clavos tuvieran lugar en la Israel del siglo I. El arqueólogo Dr. Randall Price explica:

> Dado que en Tierra Santa no se había descubierto ninguna evidencia material de víctimas crucificadas, los escépticos y los académicos rechazaban los relatos de los Evangelios como imaginarios o imprecisos. Sostenían que no se podían haber usado clavos para sujetar a una víctima a la cruz, porque las manos y los pies, por su propia anatomía, no soportarían el peso. Decían que estaban sujetos por cuerdas.[170]

En 1968, se volvió a demostrar que los críticos de la Biblia estaban equivocados. Fue entonces cuando una cuadrilla de obreros del Ministerio de la Vivienda israelí, que estaba trabajando en Jerusalén, descubrió accidentalmente un cementerio judío antiguo que contenía los restos de varios hombres que murieron durante la revuelta de los judíos, en torno al año 70 d. C. Uno de los osarios contenía el esqueleto de un hombre que tenía entre 24 y 28 años en el momento de su muerte. Su

---

[167] Hoffmeier, *The Archaeology of the Bible*, 158.

[168] Josefo, *Antigüedades*, 17:295, 18:79, 20:102; *Las guerras de los judíos*, 4:317, 5:449-451.

[169] Josefo, *Antigüedades*, 18:63-64.

[170] Randall Price, "Archaeology and the Bible", http://www.worldofthebible. com/resources.htm, consultada el 14 de agosto de 2010.

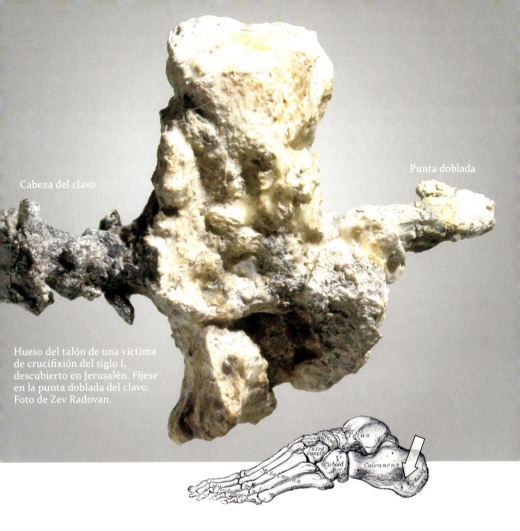

Cabeza del clavo

Punta doblada

Hueso del talón de una víctima de crucifixión del siglo I, descubierto en Jerusalén. Fíjese en la punta doblada del clavo. Foto de Zev Radovan.

nombre, Yohanan (es decir, Juan) Ben Ha'galgol, estaba inscrito en arameo en el osario. Algo más importante que el nombre de este difunto era el modo en que murió. Fue ejecutado mediante una crucifixión en la que se usaron clavos. ¿Cómo pudo saberse esto? Porque aún tenía un **clavo de hierro** que le atravesaba **el calcañar.**

Los romanos extraían normalmente los clavos de sus víctimas, porque el hierro era caro, pero aparentemente este fue demasiado difícil de sacar. La punta del clavo se había doblado hacia atrás, probablemente al topar con un nudo de la madera. El examen forense del resto del esqueleto respalda

la idea de que Yohanan fue crucificado con los brazos abiertos, colgado de un travesaño horizontal o de la rama de un árbol.[171]

Este hallazgo no solo verifica que los romanos crucificaban a las personas en el siglo I usando clavos, sino que "el hecho de que Yohanan recibiera un entierro digno en un osario, en vez de ser arrojado a una fosa común, señala que no todas las víctimas de la crucifixión iban destinadas a los cementerios de los parias".[172] Cabe destacar esto porque algunos críticos rechazan la resurrección de Cristo diciendo que las víctimas de este tormento no tenían derecho a que las enterrasen dignamente

---

[171] Craig A. Evans y N. T. Wright, *Jesus, the Final Days* (Louisville, KY: Westminster John Knox Press, 2009), 54.

[172] Joseph Holden, "Crucifixion", *Apologetics Study Bible for Students* (Nashville, TN: Holman Bible Publishers, 2009), 1069.

Una de las muchas tumbas antiguas en Israel que
cuentan con una piedra corredera en la entrada.

en sepulcros familiares privados. John Dominic Crossan dice
que, como Jesús fue crucificado, "hubiera sido abandonado en
la cruz como carne para los cuervos y perros", o como mucho
enterrado "en un hoyo poco profundo, no en una tumba excavada en la roca".[173] Bueno, pues el sepelio digno de Yohanan
constituye una evidencia arqueológica que le exige pensarlo de
nuevo.

PIEDRAS CORREDERAS EN LA ENTRADA
DE LAS TUMBAS

Los Evangelios del Nuevo Testamento nos dicen que muy
temprano, el día en que Jesús resucitó, algunas discípulas

---

[173] John Dominic Crossan, *Who Killed Jesus?* (Nueva York, NY: Harper
Collins, 1995), 187-188.

se dirigían hacia el sepulcro y se iban diciendo: "¿Quién nos correrá la piedra de la entrada de la tumba?". Al alzar la vista, vieron que la piedra ya estaba apartada (Marcos 16:3-4). En Jerusalén se han descubierto muchas tumbas que se remontan al primer siglo, algunas de las cuales conservan las **piedras correderas** en la entrada. Una vez más, vemos que la arqueología confirma los detalles de la Biblia.

¿SE HAN DESCUBIERTO LOS HUESOS DE JESÚS?

En 2007, el Discovery Channel emitió un documental producido por James Cameron y Simcha Jacobovici titulado *La tumba perdida de Jesús*. El documental afirmaba que se había descubierto la tumba que contenía los huesos de Jesús. La evidencia principal de esta conclusión tan radical fue el descubrimiento de seis osarios hallados en un sepulcro de Jerusalén. Los osarios pertenecían al siglo I, y tenían los siguientes nombres grabados:

- Jesús, hijo de José (lit. "Yeshua hijo de Yosef")
- María (lit. "Maria")
- Mateo ("Matia")
- José ("Yose")
- María (lit. "Mariamene [que también es llamada] Mara")
- Judá, hijo de Jesús (lit. "Yehuda hijo de Yeshua")

El documental llegaba a la conclusión de que:

- esos osarios pertenecían a las personas que el Nuevo Testamento menciona por esos nombres
- todo el relato de la resurrección de Jesús es mentira
- Jesús estaba casado con María Magdalena

- Jesús tuvo un hijo llamado Judá
- Jesús fue enterrado en una tumba junto al resto de su familia

¡Parece una secuela de *El código Da Vinci*!

Bueno, pues como pasó con la novela de Dan Brown, las conclusiones del documental fueron hechas pedazos de inmediato por eruditos de todas las posturas concebibles, tanto cristianos como no cristianos.[174] Hay numerosos motivos por los que arqueólogos e historiadores rechazaron rápidamente las escandalosas afirmaciones del documental. Mencionaré solo dos de ellos.

Primero, los nombres inscritos en los osarios hallados en el sepulcro en Jerusalén eran muy frecuentes en Israel en el siglo I. José, Jesús y Mateo figuraban entre los diez nombres de varón más usados en la época.[175] Entre las mujeres, María era con diferencia el nombre más popular.[176] Siendo así, un osario que mencione los nombres Jesús, José, Mateo y María no es prueba suficiente de que la cueva fuera el sepulcro de Jesús de Nazaret.

El profesor Amos Kloner, el primer arqueólogo que estudió esa tumba, y uno de los muchos especialistas que discrepaba de las conclusiones del documental, dijo que hay más de 900 enterramientos como el presunto sepulcro de "Jesús" en un radio de tres kilómetros y medio del lugar donde se

---

[174] Para ver una lista parcial, consultar http://www.bib-arch.org/scholars-study/jesus-tomb-03.asp.

[175] Ben Witherington, "The Jesus Tomb? 'Titanic' Talpiot Tomb Theory Sunk From the Start", 26 de febrero de 2007, http://benwitherington.blogspot.com/2007/02/jesus-tomb-titanic-talpiot-tomb-theory.html.

[176] Gary Habermas y sus colegas, "The Lost Tomb of Jesus: A Response to the Discovery-Channel Documentary Directed By James Cameron", 2007, http://www.garyhabermas.com/articles/The_Lost_Tomb_of-Jesus/losttombofjesus_response.htm.

Unos pocos de los miles de osarios desenterrados en Israel.

descubrió esa tumba.[177] Señaló que, de esas tumbas, 71 llevan el nombre de "Jesús", y que el nombre "Jesús hijo de José se ha encontrado en tres o cuatro osarios. Son nombres frecuentes".[178] Por tanto, aquí tenemos un dato que refuta el presunto descubrimiento.

Otro golpe para las conclusiones del documental es la improbabilidad de que los discípulos creasen una religión, la basaran en la resurrección de Jesús y luego enterrasen su cuerpo en la misma ciudad en que fue muerto, inscribieran su nombre en el osario y luego enterraran a otros miembros de su familia en otros osarios, también identificados, en la

---

[177] Matt Gutman, "Bones of Contention", http://abcnews.go.com/Technology/Entertainment/story?id=2905662&page=2.

[178] David Horovitz, "Kloner: A Great Story But Nonsense", http://www.jpost.com/Israel/Article.aspx?id=52855.

misma tumba. ¡Sería una estupidez! Si uno pretende organizar una religión y tiene intención de fundamentarla en la presunta resurrección del fundador, se desharía del cuerpo, lo enterraría, lo quemaría, lo trocearía, etc. Entonces podría caminar con más libertad por la ciudad diciendo "¡Nuestro líder ha resucitado!".

Estos son solo dos de los problemas que presentan las afirmaciones en *La tumba perdida de Jesús*. Hay muchos otros, y los analizo en mi DVD *The Lost Tomb of Jesus: Have the Tomb and Bones of Jesus Been Unearthed?*[179]

PERSONAS Y LUGARES MENCIONADOS POR LUCAS

En el Evangelio de Lucas y en el libro de Hechos, Lucas nos habla de la expansión del cristianismo desde Jerusalén hasta Roma. En estos relatos detallados, menciona 32 países, 54 ciudades, 9 islas, puertos, los nombres y títulos de sacerdotes y líderes políticos, las deidades veneradas en determinadas ciudades, patrones climatológicos, rutas marítimas concretas, leyes y costumbres. ¿Se inventó Lucas esas cosas? ¿Se trataba de ciudades y personas legendarias?

Hay críticos como el académico alemán Hans Conzelmann, autor de *History of Primitive Christianity*, que en otro tiempo pensaron que sí. Declaró que el libro de Hechos era una historia inventada de principio a fin.[180] Los críticos pensaban que Lucas "sacó su narrativa de los desvaríos de su imaginación, porque atribuyó títulos extraños a autoridades y mencionó a gobernadores que nadie conocía".[181] Un ejemplo de un

---

[179] Disponible en la sección de DVD de la tienda en línea de AlwaysBeReady. com (solo en inglés).
[180] Stark, *Discovering God*, 295.
[181] Norman L. Geisler, *Baker Encyclopedia of Christian Apologetics* (Grand Rapids, MI: Baker, 2000), 46.

Teatro de Éfeso, donde los plateros organizaron una revuelta contra Pablo (Hechos 19:29).

supuesto error tiene que ver con un hombre llamado Lisanias. En Lucas 3:1, Lucas nos dice que el ministerio de predicación de Juan el Bautista tuvo lugar cuando "Poncio Pilato era gobernador de Judea… y Lisanias gobernaba [era tetrarca] Abilinia". El arqueólogo John McRay señala:

> Durante años, algunos académicos señalaron esto como evidencia de que Lucas no sabía de qué hablaba, dado que todo el mundo sabía que Lisanias no fue tetrarca, sino el gobernador de Calcis medio siglo antes. Si Lucas no registró bien ese hecho básico, ellos sugerían que no era posible fiarse de nada de lo que escribió.[182]

---

[182] De una entrevista con Lee Strobel en *The Case for Christ* (Grand Rapids, MI: Zondervan, 1998), 97. John McRay también habla de esto en su libro *Archaeology & the New Testament*, 160.

Toda una batería de críticos de la Biblia (Bauer, Hilgenfeld, Keim, Holtzmann, Strauss, Gfrörer) acusaba a Lucas de "cometer un tremendo error cronológico".[183] Pues bien, ya no pueden decir eso. ¿Por qué? John McRay sigue diciendo:

> Más tarde se descubrió una inscripción perteneciente a la época de Tiberio, de los años 14 a 37 d. C., que menciona a Lisanias como tetrarca de Abila, cerca de Damasco, como Lucas había escrito. Resultó ¡que hubo dos oficiales gubernamentales llamados Lisanias! Una vez más, se demostró que Lucas tenía toda la razón.[184]

---

[183] Alfred Plummer, *A Critical and Exegetical Commentary on the Gospel According to St. Luke* (Chippenham, Inglaterra: T&T Clark International, 1989), 84.
[184] Strobel, *The Case for Christ*, 97.

Este es solo un ejemplo.

La investigación histórica y arqueológica ha confirmado más de 80 detalles del libro de Hechos.[185] El historiador de la universidad de Oxford A. N. Sherwin-White dice que la evidencia que confirma los detalles en el libro de Hechos "es aplastante", y que "todo intento de rechazar su historicidad básica debe parecer ahora absurdo".[186]

LA ARQUEOLOGÍA Y EL LIBRO DE MORMÓN

La riqueza de hallazgos que han verificado la precisión del Antiguo y del Nuevo Testamento suponen un contraste radical con otros libros religiosos que pretenden decir cómo ha actuado Dios en los sucesos históricos pasados. Pensemos en el Libro de Mormón, publicado en 1830 por Joseph Smith. No se han producido descubrimientos arqueológicos que respalden sus afirmaciones.[187] Un experto en religiones y sectas, Dave Hunt, señala correctamente que:

> A pesar de décadas de la exploración arqueológica más agresiva en Norte, Centro y Sudamérica, la situación no ha cambiado. Ese esfuerzo hercúleo, respaldado por la inmensa riqueza y determinación de la Iglesia mormona, no ha dejado piedra sin remover en su intento de verificar el Libro de Mormón, pero se ha quedado con las manos vacías. No se ha descubierto

---

[185] Ver Colin J. Hemer, *The Book of Acts in the Setting of Hellenistic History* (Winona Lake, IN: Eisenbrauns, 1990). Norman Geisler y Frank Turek enumeran 84 de estos detalles en su libro *I Don't Have Enough Faith to be An Atheist* (Wheaton, IL: Crossway, 2004), 256-259.

[186] A. N. Sherwin-White, *Roman Society and Roman Law in the New Testament* (Oxford: Clarendon, 1963), 189. Citado en Geisler, *Baker Encyclopedia of Christian Apologetics*, 47.

[187] Si un mormón le dice lo contrario, pídale que le enseñe información procedente de fuentes no mormonas.

ni una sola evidencia que respalde el Libro de Mormón: ni rastro de las grandes ciudades que menciona, ni ruinas, monedas, cartas, documentos o monumentos, nada por escrito. Ni siquiera se ha identificado ni uno solo de los ríos, montañas o elementos topográficos que menciona.[188]

En una declaración oficial del Libro de Mormón, el Smithsonian Institute dijo: "Los arqueólogos del Smithsonian no perciben una relación directa entre la arqueología del Nuevo Mundo y el tema central del libro".[189]

La National Geographic Society afirmó: "Por lo que sabemos, no existen evidencias arqueológicas que verifiquen la historia de los pueblos antiguos del hemisferio occidental tal como se presentan en el Libro de Mormón".[190] En otro punto, la Sociedad dijo: "Ya hace mucho tiempo que los arqueólogos y otros investigadores analizaron el pasado del hemisferio, y la Sociedad no sabe de nada que hasta el momento haya respaldado el Libro de Mormón".[191]

Incluso algunos investigadores mormones, como Dee F. Green, han admitido que es así. Green había sido el editor de

---

[188] Dave Hunt, *In Defense of the Faith: Biblical Answers to Challenging Questions* (Bend, OR: The Berean Call, 2009), 164.

[189] "Statement Regarding the Book of Mormon", preparada por el Departamento de Arqueología de la Smithsonian Institution, 1996. Puede ver una fotocopia de la declaración oficial del Smithsonian aquí: http://www.irr.org/mit/smithsonian.html.

[190] De la carta que envió Pamela Tucci, corresponsal de investigación en la National Geographic Society, a un tal Mr. Larson, fechada el 11 de enero de 1990. La carta en su totalidad puede verse aquí: http://www.utlm.org/onlineresources/nationalgeographicletter.htm.

[191] En una carta de Julie Crain, corresponsal de investigación en la National Geographic Society, a Luke Wilson, del Institute for Religious Research, fechada el 12 de agosto de 1998. Aquí puede verse una fotocopia de la carta original: http://www.irr.org/mit/national-geographic.html.

Reproducción de la cabaña neoyorquina donde vivió Joseph Smith de niño. Smith sostiene que "un ser resucitado glorioso" llamado Moroni se le apareció y le habló de unas placas de oro que, una vez traducidas, se convertirían en el Libro de Mormón.

la *University Archaeological Society Newsletter*, publicada en la Brigham Young University. Él declaró:

> El primer mito que hemos de erradicar es que existen pruebas arqueológicas del Libro de Mormón… no se conoce ninguna localización geográfica con una referencia a la topografía moderna. La arqueología bíblica puede estudiarse porque sabemos dónde estaban y están Jerusalén y Jericó, pero no sabemos dónde estaban Zarahemla y Abundancia[192] (ni, ya puestos, ninguna de las otras localidades). Podríamos pensar que la orden del día primordial sería concentrarse en la geografía,

---

[192] Lugares mencionados en el Libro de Mormón.

pero… tras años de intentarlo, tenemos las manos
vacías.[193]

También tenemos a Thomas Stuart Ferguson, arqueólogo
y apologeta mormón. Dedicó más de veinte años de su vida a
encontrar pruebas para el Libro de Mormón. Fundó la New
World Archaeology Foundation en la Brigham Young University, fundada con el propósito de encontrar evidencias arqueológicas que respaldaran el Libro de Mormón.[194] Después de
fracasar por completo en la búsqueda, dijo:

> A pesar de todos estos grandes esfuerzos, no puede
> demostrarse que nadie, desde Joseph Smith hasta nues-
> tros tiempos, haya podido señalar un solo lugar geográ-
> fico que se mencione en el Libro de Mormón. Y eso que
> muchas personas competentes han analizado a fondo el
> hemisferio… Debo estar de acuerdo con Dee Green,[195]
> quien nos ha dicho que hasta el día de hoy la geografía
> no respalda el Libro de Mormón. Yo mismo me ale-
> graría de que Dee se equivocase… no podemos fijar
> la geografía del Libro de Mormón en ningún lugar…
> porque es ficticia.[196]

---

[193] Dee F. Green, "Book of Mormon Archaeology: the Myths and the Al-
ternatives", *Dialogue: A Journal of Mormon Thought* (verano de 1969), vol.
4, 72-80. Citado en Richard Abanes, *One Nation Under Gods: A History of
the Mormon Church* (Nueva York, NY: Four Walls Eight Windows, 2003),
513 (nota 78).

[194] Abanes, *One Nation Under Gods*, 76-77.

[195] Dee Green es el académico mormón citado en las páginas anteriores.

[196] Thomas Stuart Ferguson, "Written Symposium on Book-of-Mormon
Geography", y en una carta del 20 de febrero de 1976. Citado en Abanes,
One Nation Under Gods, 77 (ver también la nota final de Abanes, la nú-
mero 88).

La falta de verificación arqueológica para el Libro de Mormón demuestra que es difícil inventarse una historia y luego afirmarla en el mundo real. No cabe duda de que si las civilizaciones, lugares, guerras y otros detalles de los que habla el Libro de Mormón fueran ciertos, habría al menos alguna evidencia en el registro arqueológico, y sin embargo no la hay.[197]

---

[197] Para evidencias adicionales de que el Libro de Mormón no es digno de confianza, véase mi DVD *Mormonism: An Overview of the Origin and Teachings of the Mormon Church*, disponible en AlwaysBeReady.com. *The Bible vs. The Book of Mormon* (Living Hope Ministries, 2005) es un magnífico documental en DVD que habla sobre la falta de evidencias arqueológicas.

CONCLUSIÓN

Como hemos visto en este libro, la arqueología ha arrojado mucha luz sobre la historicidad de la Biblia. El Dr. Clifford Wilson, ex director del Australian Institute of Archaeology, dice:

> Resulta notable que siempre que es posible una confirmación y ha salido a la luz, la Biblia soporta ese escrutinio de maneras únicas en toda la literatura. Su superioridad frente a los ataques, su capacidad de resistir las críticas, su sorprendente facilidad para demostrar que al final tenía razón, son impresionantes desde cualquier punto de vista académico. Los resultados

aparentemente sólidos que "refutan" la Biblia tienen la costumbre de explotar entre las manos. Una y otra vez, la Biblia tenía razón.[198]

Rodney Stark, profesor de ciencias sociales en la Baylor University, señala que la riqueza de descubrimientos a favor de la Biblia significa que los "esfuerzos de Conzelmann y otros eruditos 'críticos' por rechazar los Evangelios como nada más que fantasías no históricas no son más que buenos deseos".[199] El difunto Dr. William F. Albright, uno de los historiadores más importantes del mundo, llegó a la conclusión de que los críticos de la exactitud del Nuevo Testamento mantienen opiniones "anticuadas" que son "pre-arqueológicas".[200] Estoy de acuerdo.

Los hallazgos que hemos mencionado brevemente en este libro no son más que una muestra de los descubrimientos que nos han llevado a mí y a otros muchos a concluir que los autores de la Biblia nos legaron un registro históricamente fiable de personas, lugares y sucesos reales. Lo que es impresionante sobre el enorme número de descubrimientos que ya se han realizado es que se ha excavado menos del uno por ciento del material disponible en los *tells*[201] de Israel.[202] Esto nos permite

---

[198] Clifford Wilson, *Archaeology—the Bible and Christ*, volumen 17 (Victoria, Australia: Pacific Christian Ministries), sin cita de número de página. Citado en John Ankerberg y John Weldon, *Handbook of Biblical Evidences* (Eugene, OR: Harvest House, 1997), 288-289.

[199] Stark, *Discovering God*, 297.

[200] W. F. Albright, "Retrospect and Prospect in New Testament Archaeology", en *The Teacher's Yoke*, ed. E. Jerry Vardaman (Waco, TX: Baylor University Press, 1964), 29. Citado en Edwin Yamauchi, *The Stones and the Scriptures*, 95.

[201] Colina o montículo artificial formado por la superposición de asentamientos antiguos de origen humano. (*N. del T.*)

[202] Walter C. Kaiser, Jr., et. al., *Hard Sayings of the Bible*, edición en un solo volumen (Downers Grove, IL: InterVarsity Press, 1996), 64. El libro señala que: "Se ha calculado que se ha excavado menos del uno por ciento del

asumir que quedan miles de descubrimientos adicionales aún por realizar. Amigo mío...

Usted puede confiar en la Biblia.

¡Puede leerla con confianza! ¡Puede apoyarse en sus promesas! Puede extraer consuelo de sus pasajes; puede obtener sabiduría de sus páginas y, lo mejor de todo, leyéndola puede conocer a su Creador. ¡Qué alegría, conocer a Dios y vivir para Él!

¿Conoce al Dios de la Biblia? ¿Conoce a su Creador? ¿Experimenta el gozo de caminar con Dios? ¿Siente la paz que procede de saber que sus pecados han sido perdonados y que entre usted y Dios no hay barreras? Puede hacerlo.

Por eso Jesús, Dios encarnado, padeció en aquella espantosa cruz de madera hace dos mil años. Pagó el castigo por nuestros pecados, de forma que pudiéramos ser perdonados, librándonos de la eternidad en el infierno y devolviéndonos a una relación correcta con nuestro Creador. Tres días después resucitó del sepulcro, ascendió al cielo y hoy ofrece a toda la humanidad, ¡a usted!, el perdón completo de los pecados y la vida eterna a todos los que pongan su fe en Él. ¿Ha hecho esto? ¿Es Jesucristo su Señor?

La Biblia dice que un día usted se presentará delante de Dios para dar cuentas de su vida. Si nunca ha puesto su fe en Jesucristo, la Biblia dice que se abrirán los libros que contienen

---

material disponible en los *tells* israelitas, por no mencionar los del resto de Oriente Próximo. Además, existe todavía una gran cantidad de tablillas y manuscritos conservados en los sótanos de muchas universidades que han realizado investigaciones con el paso de los años y que aún deben descifrarse y publicarse. En este sentido, el futuro de esta disciplina no podría ser más halagüeño". Para más detalles sobre el gran número de yacimientos que aún quedan por excavar, ver John Ankerberg y John Weldon, *Handbook of Biblical Evidences* (Eugene, OR: Harvest House, 1997), 264-265.

un registro exhaustivo de todas las cosas malas que ha hecho usted en la vida, las mentiras que dijo, las cosas que robó, la conducta inmoral, incluso las veces que se salió con la suya en secreto, aquellas cosas que pensó que nadie descubriría jamás (Mateo 12:36, Apocalipsis 20:12).

Su estado de culpabilidad delante de Dios dará como resultado su juicio, su condenación y su separación de Dios por toda la eternidad (Romanos 2:5, Apocalipsis 20:11-15).

¿Es eso lo que quiere, una eternidad de sufrimientos lejos de Dios, la fuente del amor, la esperanza, la paz, el gozo y todo lo bueno? Si es usted como la mayor parte de las personas que he conocido, la respuesta es *no*. Quiere ir al cielo. Y hay bastantes probabilidades de que piense que *irá* al cielo; la mayoría piensa que así será. Creen que irán al cielo porque, básicamente, son buenas personas. Quizás usted también lo crea, y es posible que sea una buena persona si le comparamos con un asesino o con el traficante de drogas encerrado en la cárcel del estado. Pero el modo en que usted se compare con otras personas no afecta en absoluto a su posición delante de un Dios santo, sin pecado, y justo. El modo en que se compare con otros no resuelve los miles de pecados que ha cometido a lo largo de su vida.

Por tanto, asegúrese de que *irá* al cielo, no según sus normas, sino las de Dios. En la página siguiente compartiré con usted tres pasos para hacer las paces con Dios.

PASOS PARA TENER PAZ CON DIOS

A. Admita que es pecador.

Una lectura somera de la Biblia deja claro que todos nosotros hemos pecado contra Dios de diversas maneras. La Biblia resume la condición humana con estas palabras: "No hay ni uno solo justo, ni siquiera uno… todos hemos pecado" (Romanos 3:10, 23). El apóstol Juan dijo: "Si afirmamos que no tenemos pecado, lo único que hacemos es engañarnos a nosotros mismos" (1 Juan 1:8). El primer paso para experimentar el perdón de Dios y restaurar su relación con Él es admitir (o confesar) ante Él su condición de pecador.

B. Crea que Jesucristo murió en la cruz por usted.

Jesús pagó la pena por nuestros pecados. Cuando colgaba de aquella cruz romana, cargaba sobre sí el castigo, haciendo suyo el juicio que usted merece por sus pecados. Lo hizo para que usted fuera perdonado, y lo hizo libremente, por su gran amor hacia usted.

Hoy día, Jesús ofrece perdón de los pecados y vida eterna a todos los que pongan su confianza en Él. La Biblia dice: "Si confiesas con tu boca que Jesús es el Señor, y *crees* en tu corazón que Dios lo levantó de los muertos, serás salvo" (Romanos 10:9). Jesús dijo: "Pues Dios amó tanto al mundo que dio a su único Hijo, para que todo el que crea en él no se pierda, sino que tenga vida eterna" (Juan 3:16). ¿Cree usted en Él? La fe genuina en Jesús dará como resultado algo que la Biblia llama arrepentimiento (paso 3).

C. Cambie el rumbo. Apártese de su forma de vivir pecaminosa.

La Biblia dice: "Dios… ahora… manda que todo el mundo en todas partes se arrepienta de sus pecados y vuelva a él. Pues él ha fijado un día para juzgar al mundo con justicia" (Hechos 17:30-31). Arrepentirse significa cambiar de dirección, apartarse de sus pecados. Si está dispuesto a arrepentirse, Dios no solo le librará de una eternidad en el infierno y le pondrá en el camino que lleva al cielo, sino que empezará a cambiarle y a ayudarle a vivir una vida agradable para Él. ¿Se da cuenta de lo que es esto? La vida cristiana no consiste en intentar cambiar o esforzarse por ser mejor persona, sino en permitir que Dios le cambie, permitiéndole que le capacite mientras camina con Él.

Por tanto, ¿qué piensa hacer? ¿Quiere conocer a Dios? ¿Quiere experimentar el tipo de vida que Él preparó para

usted? ¿Quiere que sus pecados sean perdonados? ¿Quiere pasar la eternidad disfrutando de todo lo que Dios ha planeado para aquellos que le aman? Sus pecados pueden ser perdonados ahora mismo, y puede comenzar a experimentar una relación con Dios en este mismo instante. Haga una oración parecida a esta:

> **Dios, confieso que soy pecador. Me doy cuenta de que necesito tu perdón. Creo que tú, Jesús, pagaste el precio de mis pecados en la cruz. Creo que resucitaste de los muertos y que deseas tener una relación conmigo. Gracias por ello. Entra en mi vida, perdona mis pecados, sé mi Señor, sé mi Dios. Quiero apartarme de mis pecados y empezar a seguirte. Ayúdame a hacerlo. Cámbiame. Dame el poder de tu Espíritu Santo para vivir mi vida para ti. Amén.**

Si realmente ha puesto su fe en Jesucristo, Dios le ha perdonado sus pecados y le ha revestido de justicia. Ahora comienza un capítulo emocionante de su vida. Le animo a hacer lo siguiente:

1. Empiece a leer el Nuevo Testamento. A medida que lea, busque maneras de aplicar a su vida lo que lee. Puede preguntarse:

- ¿Qué me dice este pasaje sobre Dios o sobre Jesús?
- ¿Contiene promesas que puedo reclamar?
- ¿Hay principios según los cuales vivir?
- ¿Hay mandamientos que obedecer?
- ¿Hay ejemplos a seguir?
- ¿Hay errores o barreras que debo evitar?
- ¿Hay pecados a los que renunciar?

2. Empiece a orar. Dicho en pocas palabras, hable con Dios. Él le ama y quiere comunicarse con usted. Derrame su corazón ante Él; adórele, confiese sus pecados, dele las gracias. Pídale ayuda para usted y para otros.

3. Empiece a ir a una iglesia que enseñe la Biblia, y donde a las personas les entusiasme adorar al Señor. Si tienen una clase para creyentes nuevos, apúntese a ella.

4. Busca amistad con otros creyentes que puedan animarle y ser de bendición para usted en su nueva relación con Jesús. Si tiene a un amigo o un familiar que sea cristiano, llámele y cuéntele la decisión que ha tomado. Me lo puede comunicar en la dirección info@alwaysbeready.com.

¡Pido a Dios que le bendiga mientras camina con Él!

Veinte razones por las cuales los cristianos creen que Jesús es Dios

La Biblia nos enseña que hay un solo Dios que existe eternamente en tres personas iguales: el Padre, el Hijo y el Espíritu Santo. Enseña que Jesús (Dios el Hijo) vino a la tierra hace 2000 años para pagar la condena de los pecados de la humanidad. La Sociedad Watchtower (conocida también como los Testigos de Jehová), así como otras sectas, niegan este hecho. Las enseñanzas de ellos dicen que Jesús era y es, simplemente un hombre, un ángel o uno de los muchos dioses que ellos dicen que existen. Abajo hay veinte razones, tomadas directamente de las Escrituras, de por qué los cristianos creen que Jesús es Dios Todopoderoso.

1. El Apóstol Tomás llamó a Jesús, Dios.

Entonces le dijo a Tomás:
—Pon tu dedo aquí y mira mis manos; mete tu mano en la herida de mi costado. Ya no seas incrédulo. ¡Cree!
—¡Mi Señor y mi **Dios**! —exclamó Tomás.
Entonces Jesús le dijo:
—Tú crees porque me has visto, benditos los que creen sin verme (Juan 20:27-29).

2. El Apóstol Pedro llamó a Jesús, Dios.

Yo, Simón Pedro, esclavo y apóstol de Jesucristo, les escribo esta carta a ustedes, que gozan de la misma preciosa fe que tenemos. Esta fe les fue concedida debido a la justicia e imparcialidad de Jesucristo, nuestro **Dios** y Salvador (2 Pedro 1:1).

3. El Apóstol Pablo llamó a Jesús, Dios.

En este mundo maligno, debemos vivir con sabiduría, justicia y devoción a Dios, mientras anhelamos con esperanza ese día maravilloso en que se revele la gloria de nuestro gran **Dios** y Salvador Jesucristo. Él dio su vida para liberarnos de toda clase de pecado, para limpiarnos y para hacernos su pueblo, totalmente comprometidos a hacer buenas acciones (Tito 2:12b-14).

4. El Apóstol Juan llamó a Jesús, Dios.

En el principio la Palabra ya existía. La Palabra estaba con Dios, y la Palabra era **Dios**… (Juan 1:1-3, 14, [ver el versículo 14 para confirmar que esta referencia a la "Palabra" es una referencia a Jesús]).

5. Dios el Padre llamó a Jesús, Dios.

Pero al Hijo le dice: "Tu trono, oh **Dios**, permanece por siempre y para siempre. Tú gobiernas con cetro de justicia" (Hebreos 1:8).

6. Isaías el profeta dijo que el Mesías sería Dios.

Pues nos ha nacido un niño, un hijo se nos ha dado; el gobierno descansará sobre sus hombros, y será llamado: Consejero Maravilloso, **Dios** Poderoso, Padre Eterno, Príncipe de Paz (Isaías 9:6).

7. Los judíos que crucificaron a Jesús entendieron que Él decía ser igual a Dios.

Entonces los líderes judíos se esforzaron aún más por encontrar una forma de matarlo. Pues no solo violaba el día de descanso sino que, además, decía que Dios era su Padre, con lo cual se hacía igual a **Dios** (Juan 5:18).

No te apedreamos por ninguna buena acción, ¡sino por blasfemia! —contestaron—. Tú, un hombre común y corriente, afirmas ser **Dios** (Juan 10:33).

8. Jesús se llamaba a sí mismo "Yo Soy", el nombre de Dios en el Antiguo Testamento (Éxodo 3:14).

Jesús contestó:
—Les digo la verdad, ¡aun antes de que Abraham naciera, **Yo Soy**!
En ese momento, tomaron piedras para arrojárselas, pero Jesús desapareció de la vista de ellos y salió del templo (Juan 8:58-59).

9. Jesús se llamaba a sí mismo "el Alfa y el Omega", el título de Dios Todopoderoso.

Miren, yo vengo pronto, y traigo la recompensa conmigo para pagarle a cada uno según lo que haya hecho. Yo soy el **Alfa y la Omega**, el Primero y el Último, el Principio y el Fin (Apocalipsis 22:12-13).

"Yo soy el Alfa y la Omega, el principio y el fin —dice el Señor **Dios**—. Yo soy el que es, que siempre era y que aún está por venir, el Todopoderoso" (Apocalipsis 1:8).

10. Como Dios (Génesis 1:1) Jesús creó.

...porque, por medio de él, [ver contexto; esto se refiere a Jesús] Dios creó **todo lo que existe** en los lugares celestiales y en la tierra. Hizo las cosas que podemos ver y las que no podemos ver, tales como tronos, reinos, gobernantes y autoridades del mundo invisible. Todo fue creado por medio de él y para él. Él ya existía antes de todas las cosas y mantiene unida toda la creación (Colosenses 1:16-17).

Dios creó todas las cosas por medio de él, y nada fue creado sin él (Juan 1:3).

Más aún, Dios dice en Isaías 44:24: "Yo soy el SEÑOR, que hizo todas las cosas; **yo solo** extendí los cielos. ¿Quién estaba conmigo cuando hice la tierra?".

11. Como Dios, Jesús perdona los pecados.

Al ver la fe de ellos, Jesús le dijo al paralítico: "Hijo mío, tus pecados son perdonados".
Algunos de los maestros de la ley religiosa que estaban allí sentados pensaron: "¿Qué es lo que dice? ¡Es una blasfemia! ¡Solo **Dios** puede perdonar pecados!"...
"Así que les demostraré que el Hijo del Hombre tiene autoridad en la tierra para perdonar pecados". Entonces Jesús miró al paralítico y dijo: "¡Ponte de pie, toma tu camilla y vete a tu casa!" (Marcos 2:5-7, 10-11).

12. Como Dios, Jesús da vida eterna.

Mis ovejas oyen mi voz, y yo las conozco y me siguen; y yo les doy vida eterna y jamás perecerán, y nadie las arrebatará de **mi** mano (Juan 10:27-28, LBLA).

13. Como Dios, Jesús fue, es y será adorado.

Cuando subieron de nuevo a la barca, el viento se detuvo. Entonces los discípulos lo **adoraron**. "¡De verdad eres el Hijo de Dios!", exclamaron (Mateo 14:32-33; ver también Mateo 28:9, 17; Juan 9:37-38).

Y a toda cosa creada que está en el cielo, sobre la tierra, debajo de la tierra y en el mar, y a todas las cosas que en ellos hay, oí decir: Al que está sentado en el trono, **y al Cordero**, sea la alabanza, la honra, la gloria y el dominio por los siglos de los siglos (Apocalipsis 5:13, lbla)

Además, cuando trajo a su Hijo supremo al mundo, Dios dijo: "Que lo **adoren** todos los ángeles de Dios" (Hebreos 1:6).

Jesús jamás reprendió a ninguno de sus seguidores por adorarle, y debemos tener en cuenta que la Biblia prohíbe adorar a cualquier persona o cosa que no sea Dios...

Respondiendo Jesús, le dijo: Escrito está: "AL SEÑOR TU DIOS ADORARÁS, Y A ÉL SOLO SERVIRÁS" (Lucas 4:8, lbla).

14. Jesús dijo que solo Dios era bueno; y Jesús era bueno.

Cuando salía para seguir su camino, vino uno corriendo, y arrodillándose delante de Él, le preguntó: Maestro bueno, ¿qué haré para heredar la vida eterna? Y Jesús le dijo: ¿Por qué me llamas bueno? Nadie es bueno, sino sólo uno, **Dios** (Marcos 10:17-18: lbla).

Yo soy el buen pastor. El buen pastor da su vida en sacrificio por las ovejas (Juan 10:11).

Jesús era tan bueno como nadie jamás puede serlo. Nunca pecó, era "santo", "recto", "inocente", "puro" y estaba separado de los pecadores (Hebreos 7:26). ¡Esto es extremadamente bueno!

15. Como Dios, Jesús puede estar presente en más de un sitio a la vez.

> Pues donde se reúnen dos o tres en mi nombre, yo estoy allí entre ellos (Mateo 18:20; ver también Mateo 28:20).

16. Uno de los títulos de Jesús es "Dios con nosotros".

> ¡Miren! ¡La virgen concebirá un niño! Dará a luz un hijo, y lo llamarán Emanuel, que significa "**Dios** está con nosotros" (Mateo 1:23).

17. A la sangre de Jesús se le llama la sangre de Dios.

> Entonces cuídense a sí mismos y cuiden al pueblo de Dios. Alimenten y pastoreen al rebaño de **Dios** —su iglesia, comprada con su propia sangre— sobre quien el Espíritu Santo los ha designado ancianos (Hechos 20:28).

18. Jesús tiene la misma naturaleza de Dios.

> El Hijo irradia la gloria de Dios y expresa el carácter **mismo** de Dios, y sostiene todo con el gran poder de su palabra (Hebreos 1:3a).

19. Jesús habló como Dios.

Jesús no habló como uno de los profetas de Dios: "esto dice el Señor". Él habló como Dios: "Yo les digo".

> Han oído el mandamiento que dice: "No cometas adulterio". Pero yo digo que el que mira con pasión sexual

a una mujer, ya ha cometido adulterio con ella en el corazón (Mateo 5:27-28).

Si me aman, obedezcan mis mandamientos (Juan 14:15).

Cuando Jesús terminó estas palabras, las multitudes se admiraban de su enseñanza; porque les enseñaba como uno que tiene autoridad, y no como sus escribas (Mateo 7:28-29, LBLA).

20. Como Dios (Salmos 136:3), Jesús es llamado Señor de señores y Rey de reyes.

Irán juntos a la guerra contra el Cordero, pero el Cordero los derrotará porque él es el **Señor de todos los señores** y el Rey de todos los reyes. Y los que él ha llamado y elegido y le son fieles, estarán con él (Apocalipsis 17:14; ver también 1 Timoteo 6:15).

Estos pasajes bíblicos, así como docenas de otros, establecen claramente que Jesús era y es Dios Todopoderoso. No permita que un mormón o un testigo de Jehová o cualquier otra persona le desvíe de la verdad. Como los de Berea, tenga una mentalidad abierta y noble (Hechos 17:11) y examine las Escrituras para que pueda comprobar usted mismo que este es realmente el caso.

¿LE GUSTARÍA PARTICIPAR EN UNA EXCAVACIÓN?

En Israel, a lo largo del año, hay excavaciones donde se necesitan voluntarios que puedan trabajar durante una semana o más. Participar en una excavación real es una manera emocionante de aprender cosas sobre la arqueología, la Biblia e Israel. Si esto le interesa, hay tres páginas web que le animo a visitar:

- **World of the Bible**, con el Dr. Randall Price
  WorldOfTheBible.com

- **Bible Lands Expeditions**, con el Dr. Steven Collins
  BLEtravel.com

- **Associates for Biblical Research**, con el Dr. Bryant
  Wood
  BibleArchaeology.org

- **Abila Archaeological Project**, con el Dr. David Vila
  Abila.org

Estos hombres son arqueólogos veteranos que tienen muchos años de experiencia como supervisores de excavaciones en Israel. Son cristianos comprometidos que creen en la Biblia, y les encantaría que usted participase en alguna excavación futura. No hace falta tener experiencia, solo el deseo de aprender y de servir. Visite sus páginas web y ponga el tema en oración.

Ruego a Dios que reúna un ejército de arqueólogos de primera categoría, que le teman, que amen las Escrituras, que puedan seguir excavando las ruinas antiguas y mostrar al mundo pruebas tangibles de que la Biblia es en realidad lo que afirma ser:

> **La revelación fiable de cómo Dios ha intervenido en la historia para darse a conocer.**

BIBLIOGRAFÍA RECOMENDADA

- *El caso del Creador*, de Lee Strobel
- *El caso de Cristo*, de Lee Strobel
- *El caso de la fe*, de Lee Strobel
- *Eusebio: Historia de la iglesia*, de Paul L. Maier
- *Evidencia que exige un veredicto*, de Josh McDowell
- *Josefo: Los escritos esenciales*, de Paul L. Maier
- *Josefo: Las obras esenciales*, de Paul L. Maier
- *Los manuscritos del Mar Muerto*, de F. F. Bruce
- *Más que un carpintero*, de Josh McDowell
- *El mundo que Jesús conoció*, de Anne Punton
- *No dejes tu cerebro en la puerta*, de Josh McDowell
- *Nuevo manual de usos y costumbres de los tiempos bíblicos*, de Ralph Gower
- *NVI Biblia arqueológica*, editado por Walter C. Kaiser, Jr.
- *Las piedras claman*, de Randall Price
- *Usos y costumbres de las tierras bíblicas*, de Fred H. Wight

Charlie Campbell en Qumrán con vistas a una de las cuevas donde se encontraron los rollos del mar Muerto.

ACERCA DEL AUTOR

Charlie Campbell es un seguidor de Jesús, esposo de Anastasia, padre de cinco hijos, director del ministerio Always Be Ready Apologetics Ministry, escritor y profesor invitado en iglesias de todo Estados Unidos, donde aborda numerosos temas relacionados con la defensa de la fe cristiana. Antes de desempeñar su trabajo actual, formó parte del personal de la Calvary Chapel en Vista, California, durante nueve años. En ella fue el pastor universitario y director de la Escuela de Ministerio, donde impartía cursos en apologética, religiones y sectas del mundo, teología sistemática, escatología, hermenéutica, homilética y evangelismo. Fue también instructor en el Calvary Chapel Bible College en Murrieta, California. Sus enseñanzas y sus recursos cuentan con el respaldo de Norman Geisler, Charles Colson, Chuck Smith, Nancy Leigh DeMoss y otros.

También por
Charlie Campbell

"Un libro que vale la pena leer"---Charles Colson

RESPUESTAS A PREGUNTAS QUE HACEN LOS ESCÉPTICOS

CHARLIE H. CAMPBELL

ISBN: 978-0-8254-1198-4

Respuestas sencillas, acertadas y precisas a las preguntas más frecuentes sobre el cristianismo. Las cuarenta preguntas recopiladas en este libro son las que plantean los incrédulos y los escépticos con más frecuencia a los cristianos acerca de Dios, la Biblia, el infierno, la salvación, y mucho más. Cada capítulo breve aborda una pregunta y da ejemplos de cómo los cristianos pueden responderla en menos de un minuto. Un libro fácil de leer y muy necesario para cristianos, personas que buscan respuestas y escépticos por igual.

"Este es un libro práctico con respuestas útiles para las personas ocupadas".

—**Dr. Norman Geisler**, Presidente del Southern Evangelical Seminary, y autor de más de 60 libros

"Espero que muchos que andan en busca de la verdad consideren seriamente las ideas tan bien expresadas en este oportuno y conciso libro. Bien vale la pena leerlo".

—**Charles Colson**, Fundador de Prison Fellowship, autor de más de 20 libros, conferencista internacional y comentarista de radio

"¡Un estimulante modelo de 'apologética conversacional!'. Este libro lo preparará a usted para estar 'siempre listo para presentar defensa… de la esperanza que hay en vosotros'".

—**Nancy Leigh DeMoss**, autora, anfitriona del programa de radio Revive Our Hearts

CRONOLOGÍA DE LA HISTORIA BÍBLICA
~Sucesos cruciales desde la Creación hasta el final del Nuevo Testamento~

c. = circa/alrededor de

ADÁN · NOÉ · ABRAHAM · JOB · JACOB · MOISÉS · JOSUÉ · JUECES/RUT · SAMUEL · SAÚL · DAVID · SALOMÓN · JONÁS · ISAÍAS

+ 4000 a. C.
Dios crea a Adán y a Eva (Gn. 1–2).

Torre de Babel. Confusión de idiomas. Dispersión de los humanos (Gn. 11:1-9).

2165
Nace Abraham (Abram) (Gn. 11:26).

2090
Dios establece un pacto con Abraham (Gn. 12:1-3).

c. 2100–1900
Vida de Job.

c. 2400–2300
Diluvio de Noé (Gn. 7).

1898
Los hermanos de José, celosos, lo venden a Egipto.

1876
Jacob (Israel), padre de José, se traslada a Egipto con su familia huyendo de una hambruna (Gn. 46).

1876–1446
Israelitas en Egipto, 430 años (Ex. 12:40).

Judíos en Egipto
430 años

1446
Éxodo de Egipto (Ex. 12:40). Se dan los Diez Mandamientos en el monte Sinaí (Ex. 20).

1446–1406
Los israelitas vagan 40 años por el desierto hasta la muerte de la generación anterior (Nm.).

1406
Moisés redacta el Deuteronomio. Moisés muere (Dt. 34).
Josué conduce a la siguiente generación de israelitas a Canaán (Jos. 1).

Los judíos se niegan a entrar en la Tierra Prometida (Canaán).

1399
Concluye la conquista judía de Canaán (7 años). Bueno, ¡casi! (Jos. 1–11).

JUECES:
Otniel (40)
Ehud (80)
Samgar (?)
Débora (40)
Gedeón (40)
Tola (23)
Jaír (22)
Jefté (6)
Ibzán (7)
Elón (10)
Abdón (8)
Sansón (20)

Época de los jueces
299 años

c. 1350–1051
Época de los jueces; c. 299 años (ver libro de Jueces).

Los hechos del libro de Rut tienen lugar en algún punto de la época de los jueces (Rut 1:1).

c. 1120
Nace Samuel (1 S. 1).

1051
Saúl sube al trono (1 S. 10).

1011
David se convierte en rey (2 S. 2).

1004
David derrota a los jebuseos para conquistar Jerusalén (2 S. 5:7).

971
Sube al trono Salomón (hijo de David) (1 R. 1:39).

931
El reino judío se divide en norte (Israel) y sur (Judá) (1 R. 12).

c. 760
Jonás predica en la capital asiria, Nínive (Jon.).

739–680
Isaías ministra a Judá (libro de Isaías).

722
Asiria conquista el reino del norte, Israel (2 R. 17).

JEREMÍAS · DANIEL/EZEQUIEL · ESTER · ESDRAS/NEHEMÍAS · PERIODO INTERTESTAMENTARIO · JESÚS · PEDRO · PABLO · JUAN

605
Babilonia conquista Judá (2 R. 24:1-7). Daniel y sus compañeros son llevados a Babilonia (Dn. 1).

627–570
Jeremías ministra a Judá (2 R. 17, libro de Jeremías).

593–571
Ezequiel profetiza a los judíos en Babilonia.

536
Comienza la reconstrucción del templo en Jerusalén (Esd. 3:8).

538
Ciro, el rey persa, emite un decreto que permite a los judíos regresar a su tierra (2 Cr. 36:22-23; Esd. 1).

539
El Imperio Babilónico cae ante los persas (Dn. 5:25-31).

Exilio babilónico
70 años

Exilio de los judíos a Babilonia (2 C. 36:17-21).

Babilonia durante el exilio.

515
Concluye la reconstrucción del templo (Esd. 6:15).

483–473
Dios usa a Ester para proteger a los judíos exiliados en el Imperio Persa.

458
Esdras guía el vuelta a Israel al segundo grupo de judíos (Esd. 7:1-10), y exhorta a los judíos en Israel que renuncien a su pecado.

444
Nehemías vuelve a Jerusalén y dirige a los judíos en la reconstrucción de los muros de la ciudad que habían sido destruidos por los babilonios.

c. 450–430
Se escribe Malaquías. Se cierra el Antiguo Testamento.

331
Alejandro Magno y los griegos conquistan el Imperio Persa.

323
Alejandro muere en Babilonia. El Imperio Griego se divide: Ptolomeo se queda Egipto; Seleuco, el Oriente; y Casandro, Macedonia.

280
Los seléucidas de Siria gobiernan Palestina tras la división del Imperio Griego.

165
Judas Macabeo y el pueblo de Israel se unen para acabar con el dominio seléucida en su tierra, y consagran de nuevo

63
Judea sometida a Roma.

37 a. C.
Herodes el Grande nombrado gobernador de Judea.

4 a. C.
Nace Jesús (Mt. 1, Lc. 2).

c. 30–33 d. C.
Jesús crucificado y resucitado (Mt. 27; Mr. 15; Lc. 23; Jn. 19). Asciende a los cielos 40 días después (Hch. 1).

El Espíritu Santo desciende sobre la iglesia (Hch. 2).

c. 32–62 d. C.
Lucas cuenta cómo los discípulos empiezan a llevar el evangelio a Judea, Samaria y los confines de la Tierra (Hch. 1–28).

70 d. C.
Los romanos destruyen el templo judío, como profetizó Jesús (Lc. 21:20-24).

c. 95
Juan escribe el libro de Apocalipsis. Se completa el Nuevo Testamento.

Se completa la mayor parte del Nuevo Testamento.

30 años

(*) años como jueces

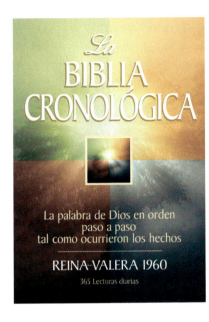

La Biblia cronológica
F. LaGard Smith

UNA BIBLIA COMO NINGUNA OTRA

La Palabra de Dios en orden, tal como ocurrieron los hechos.

Esta presentación única de la Palabra de Dios en orden de acontecimientos nos ayuda a ver y entender con más claridad el plan redentor desde la creación hasta el Apocalipsis. Mediante el orden de sucesos, el creyente apreciará el plan de Dios para su vida como nunca antes. La lectura de la Biblia será más informativa y vibrante. Al ver la perspectiva global y cada parte individual en su contexto adecuado, el lector se sentirá a veces complacido, a veces sorprendido, y siempre edificado.

En *La Biblia cronológica* encontrará:

La versión Reina-Valera 1960

…la versión más utilizada de las Escrituras, una traducción respetada y fácil de entender.

Un arreglo histórico de cada libro de la Biblia

…permite comprender el plan redentor de Dios desde la creación hasta el Apocalipsis en el orden de los acontecimientos.

Comentarios devocionales

…para guiar al lector de pasaje en pasaje y preparar la escena con datos históricos y nuevas percepciones espirituales.

365 secciones de fácil lectura

…para leer toda la Palabra de Dios en un año.

Un enfoque temático de Proverbios y Eclesiastés

…para conocer aspectos concretos de la sabiduría de Dios.

ISBN: 978-0-8254-1635-4 / Tapa dura
ISBN: 978-0-8254-1609-5 / Deluxe

Disponible en su librería cristiana favorita o en www.portavoz.com

La editorial de su confianza

PORTAVOZ

NUESTRA VISIÓN

Maximizar el efecto de recursos cristianos de calidad que transforman vidas.

NUESTRA MISIÓN

Desarrollar y distribuir productos de calidad —con integridad y excelencia—, desde una perspectiva bíblica y confiable, que animen a las personas a conocer y servir a Jesucristo.

NUESTROS VALORES

Nuestros valores se encuentran fundamentados en la Biblia, fuente de toda verdad para hoy y para siempre. Nosotros ponemos en práctica estas verdades bíblicas como fundamento para las decisiones, normas y productos de nuestra compañía.

Valoramos la excelencia y la calidad
Valoramos la integridad y la confianza
Valoramos el mérito y la dignidad de los individuos
y las relaciones
Valoramos el servicio
Valoramos la administración de los recursos

Para más información acerca de nuestra editorial y los productos que publicamos visite nuestra página en la red: www.portavoz.com